Die Kristall- und Regenbogenkinder

Kinder von heute

Michaela Ghisletta

Neuauflage, 2013

www.unicorn-spirit.ch,
www.regenbogenkinder.ch

Cover:
Nathalie Klay-Abgottspon
www.spirit-colors.ch

Herstellung und Verlag:
BoD – Books on Demand, Norderstedt
ISBN 978-3-8482-2918-5

Die Kristall- und Regenbogenkinder
Kinder von heute

von
Michaela Ghisletta

Inhaltsverzeichnis

Die Kristall- und Regenbogenkinder

Die Kinder der neuen Zeit sind unsere Kinder

Diese Kinder sind mit einem weiten, grossen Herzen ausgestattet, medial ausserordentlich begabt und bringen uns die Harmonie zurück auf Erden.

Damit sie dies aber können, brauchen sie unsere Hilfe. Sie haben teilweise grosse Mühe, sich unserem irdischen Hier und Jetzt anzupassen. Es sind Lichtwesen, die einen menschlichen Körper und einen Planeten der Dualität bewohnen und sich in beiden erst zu Recht finden müssen.

Wenn ich höre, oder in den ausgefüllten Fragebogen lese, wie viele „erwachsene Kinder“ der neuen Zeit sich von Eltern und Lehrern unverstanden fühlten, dann beelendet mich dies, und ich möchte hier etwas ändern.

Es sind wunderbare Wesen, diese Lichtkinder, sie verdienen es, dass wir sie lieben und unterstützen in ihrem Sein, sie lieben, so wie sie sind. Denn um nichts anderes geht es, durch ihr einfaches Sein bringen sie uns und der Erde alles, was wir brauchen, um Heil zu werden und zurück zur Harmonie zu finden.

Selbstverständlich durchleben diese Kinder auch ihre Trotzphase, Pubertät und so weiter, das genetische Gefäss Mensch durchlebt die verschiedenen Stufen der menschlichen Entwicklung, so wie es sein soll.

Wieso die Unterscheidung zwischen Indigo-, Kristall- und Regenbogenkindern?

Das fragt man sich zu Recht, vor allem weil man mit solchen Begriffen zu einer Wertung verführt. Diese Namen sind aber keine Auszeichnung, sondern lediglich der Versuch, die verschiedenen Energien etwas zu erklären und zu ordnen.

Ich bin auch davon überzeugt, dass ein Wandel möglich ist. Ich erlebe in meiner Arbeit immer wieder, wie Menschen sich von einem Indigo- zu einem Kristallkind wandeln, Erwachsene und Kinder.

Bei meinem Sohn konnte ich dies aus nächster Nähe verfolgen, ein spannender aber sehr anstrengender Prozess für alle. Aber das Resultat ist es absolut wert.

Ich denke, dass die Menschheit später nicht mehr unterscheiden wird, wir alle werden einfach die Bewohner der Erde im Regenbogenzeitalter oder eben der neuen Zeit sein.

Viele Menschen brauchen heute aber noch diese Differenzierung, da es unserem heutigen Denken noch entspricht und es uns erleichtert, unsere Kinder zu verstehen.

Meine Beweggründe und Erfahrungen

Ich habe in meinem Beruf vor allem mit den Kindern der neuen Zeit zu tun. Denn auch die Erwachsenen, die mich kontaktieren sind solche. Sie spüren, dass da mehr ist, spüren ein Sehnen in sich, endlich ihre wahre Berufung zu leben, ihre eigene Wahrheit zu leben. Sie fühlen sich von der Gesellschaft nicht verstanden, oder haben Mühe, sich der gesellschaftlichen Normen anzupassen.

Es klingt doch gar nicht so schwer, seiner eigenen Wahrheit zu folgen, seine Berufung zu finden und zu leben, und doch ist es wohl die grösste Herausforderung unseres Lebens. Als Kinder wussten wir auf eine einfache Weise, was unsere Berufung ist, wir benannten sie mit Ausdrücken, die wir kannten und kamen so unserer wahrer Berufung schon sehr nahe. Die Gesellschaft lehrt uns dann aber, dass wir dies oder jenes nicht werden können, aus welchen Gründen auch immer. Ich sah mich als Kind immer als Tierarzt oder mit Kindern arbeiten. Dieser Vorstellung kommt meiner heutigen Realität schon sehr nahe. Die Kinder versuchen, ihre Wahrheit zu leben, hören dann aber von Eltern, Lehrern und anderen Respektspersonen, dass dies und jenes nicht geht, dass man das nicht macht, dass dies nicht möglich ist. Wir werden durch die Meinung anderer begrenzt, vergraben unsere Wünsche und stellen die Forderungen an uns über unsere eigenen Bedürfnisse.

Wir müssen grenzenloser denken, die Gedankengrenzen der Gesellschaft müssen nicht die unseren sein, oder die unserer Kinder. Es ist alles möglich, man muss uns nur lassen. Wenn ich sehe, wie heute Erwachsene darum kämpfen, ihre Fähigkeiten wieder zu finden, sich wieder erinnern wollen, und wie schwer es für sie ist, dann sehe ich den Sinn in meiner Arbeit bestätigt, den Kindern zu helfen, dass sie diese Gabe nie verlieren und trotzdem in der Gesellschaft bestehen können. Dies ist meine Hoffnung, mein Antrieb, und ich hoffe, dass Sie, die dieses Buch lesen, genau hier auch ansetzen möchten.

Dieses Buch ist mir sehr wichtig, ich wünsche mir, dass alle Menschen, die mit Kindern zu tun haben, darin Antworten und Anregungen finden. Es ist meine Sicht der Dinge und sie ist sicher nicht unumstösslich oder fehlerfrei, aber sie entspricht meiner Wahrheit, wie ich sie fühle und vertrete, während dem ich dieses Buch schreibe. Ich hoffe, hier nicht nur spirituell interessierte Menschen erreichen zu können. Für mich ist die ganze Welt beseelt und ich spüre eine tiefe Verbundenheit mit der Natur, den Tieren, den Engeln und den Kindern der neuen Zeit.

Ich bin sicher und ich hoffe es auch, dass ich in einigen Jahren einiges anders sehe, vielleicht auch das eine oder andere Kapitel anders schreiben würde, denn meine Sicht der Dinge soll sich verändern, soll wachsen, sich den Gegebenheiten anpassen, neue Erfahrungen und Erkenntnisse integrieren.

Aber so wie dieses Buch nun vor Ihnen liegt, so sehe und spüre ich die Kinder und die Gesellschaft heute, ohne Anspruch darauf, die einzige Wahrheit zu vertreten.

Mutter Maria:

„Die Kinder der neuen Zeit brauchen eure Unterstützung. Das Zurechtfinden in der Schwere der Materie ist nicht leicht für die Kinder des Lichts. Es dauert noch eine Weile, bis die Materie mit Licht durchflutet ist.“

Die Kinder der neuen Zeit

Die Kinder der neuen Zeit sind voller Licht und Liebe, dies ist eine wunderbare Gabe, aber genau dies ist auch die Schwierigkeit dieser Kinder. Die Welt von heute ist alles andere als harmonisch, aber diese Kinder tragen das Bedürfnis nach Harmonie in sich, es ist ihr ganzes Streben.

Nun erscheint es einem ja doch widersprüchlich, das genau diese Kinder sehr leicht aus ihrer Balance zu bringen sind, zumindest äusserlich. Innerlich verfügen sie meist über ein enormes Urvertrauen und eine innere Balance, um die wir sie nur beneiden können. Sie möchten diese Balance auch im Aussen leben. Sie nehmen die disharmonischen Schwingungen wahr, möchten diese transformieren und wissen nicht wie. Einige Kinder reagieren darauf mit heftigem Weinen, Wutanfällen oder ziehen sich ganz und gar aus dieser Welt zurück und flüchten in ihre eigene, innere Welt, um dem Chaos im Aussen zu entfliehen. Viele Kinder reagieren auch mit Ausschlägen auf äussere Reize oder neigen allgemein zu Allergien.

Und hier, genau hier kommen wir Erwachsene zum Einsatz. Wir haben gelernt, mit der Disharmonie zu leben und können nun unseren Kinder helfen, diese Disharmonie zu stabilisieren und nach in nach in Harmonie umzuwandeln. Dies direkt zu tun, wie es die Kinder versuchen, da es ihrem innersten Herzenswunsch entspricht, ist schlicht eine zu schwere Aufgabe.

Wir können ihnen mit Meditationen, Heilsteinen, Bachblüten, Aura Soma, Homöopathie, Schüssler Salzen und vielen anderen lichtbringenden Therapien helfen, ihre innere Balance immer mehr im Äusseren zu leben. Und wie ein Stein, den man ins Wasser wirft, seine Kreise zieht, genau so wird sich die Schwingung der Balance, der Harmonie von den Kindern ausbreiten, bis sie jeden Menschen in seinem Herzen berührt und einen Wandel herbei führt.

Sehr wichtig für die Kinder der neuen Zeit ist der Gang in die Natur. Viele Kinder sind noch nicht richtig angekommen hier auf Erden, noch nicht ganz verwurzelt und auf ihr gefestigt. Durch die Verbindung mit der Natur wachsen ihre Wurzeln, ihre Erdverbundenheit nimmt zu. Der Kontakt zu Tieren fördert ihre telepathische

Kommunikation, da diese nonverbale Sprache mit Tieren immer funktioniert, während sie bei uns Eltern, Lehrpersonal usw. nicht immer verstanden wird.

Vieles, was ich über die Kristallkinder schreibe, kann auch auf ein Regenbogenkind zutreffen und umgekehrt. Es ist nicht ganz einfach, eine klare Trennlinie zwischen diesen beiden Energien zu ziehen. Ich denke, dies ist auch nicht nötig. Wir wollen die Kinder ja nicht in Schubladen stecken und in ihrem Sein schon wieder begrenzen. Es kann uns aber helfen, unsere Kinder und ihre Aufgaben besser zu verstehen, wenn wir wissen, in welcher Energie sie leben. Die Kristallkinder nehme ich immer als funkelndes Licht wahr, die Regenbogenkinder als ein Spiel der Farben. Ich kann die Aura nicht sehen, es ist also meine eigene Wahrnehmung, mein Fühlen und Spüren.

Mutter Maria:

"Die Kinder der heutigen Zeit sind noch sensibler, zarter und feinfühliger als die Kinder aus vergangenen Zeiten. Diese Kinder lassen ihre Wahrnehmungen nicht mehr mit Fantasien

abtun. Sie wissen, was sie sehen und hören! Diese Kinder öffnen die Tore zu Euren Herzen und so zu Eurer Wahrnehmung. Sie leben ihre Wahrheit und stellen Eure Wahrheit in Frage. Dies ist ein wichtiger Prozess. Stellt euch diesem, oder wovor habt ihr Angst?

Sie brauchen eure liebevolle Führung, wollen aber nicht beherrscht werden, auf Autorität reagieren sie mit Rückzug oder Wut. Sie brauchen Strukturen, lasst ihnen aber Spielraum.

Nehmt ihre Wahrnehmungen, ihre Gedanken und Gefühle ernst, es sind weise Seelen, die in diesen noch kleinen Körpern stecken. Lasst zu, dass sie euch anstecken mit ihrem Vertrauen und ihrer Liebe. Öffnet die Herzen für diese Kinder, mehr wünschen sie sich nicht.“

Kristallkinder

Erzengel Metatron zu den Kristallkindern:

„Die Kristallkinder werden in diesen Tagen mit grosser Häufigkeit geboren. Lange wurde die Erde auf die Ankunft dieser Kinder vorbereitet. Zwar ist ihr Weg noch nicht bereitet, doch die Eltern dieser Kinder wurden mit grosser Sorgfalt ausgesucht, so dass sie zusammen mit ihren Kristallkindern den Weg gehen.

Kristallkinder haben ein sehr mitfühlendes Herz, ihr 3. Auge ist aktiv und sie kommunizieren telepathisch.

Ihre Aura ist schillernd und rein, ihre Augen wie klare Seen.

Sie bringen die reine Herzensliebe zurück auf die Erde. Sie bringen Mitgefühl auf die Erde. Sie verfügen über grosse telepathische Gabe und öffnen damit so manchem Erwachsenen die Augen (auch das 3. Auge).“

Die Kristallkinder sind wunderbare Wesen mit wunderschönen Augen. Ihre Augen lassen

einen direkt in ihre klare Seele blicken. Diese Augen erkennen aber auch unsere Seele und unseren verborgenen Schmerz, Wut, Angst und Frustration.
Sie möchten diesen Schmerz von unserer Seele nehmen und laden ihn sich dabei nicht selten selber auf.
Sie kommunizieren sehr gerne telepathisch, es ist ihnen aber oft gar nicht bewusst. Werden dann manchmal auch wütend, weil sie nun schon zum dritten Mal etwas „gefragt“ haben.
Sie zeigen grosses Mitgefühl und einen grossen Gerechtigkeitssinn. Für sie ist etwas nicht richtig oder falsch, sondern es fühlt sich wahr an oder eben nicht. Sie müssen ihre Wahrheit leben, sonst verkümmern diese wunderbaren und sensiblen Seelen.
Wie mein Sohn einmal so schön sagte, tragen diese Kinder einen Bergkristall mit Regenbogen in ihren Herzen. Mir gefällt dieses Bild sehr. Der Bergkristall ist ein grosser Leiter, ein sehr guter Vermittler zwischen Seele und Körper und zwischen den Welten, und der Regenbogen bildet die Brücke zwischen Himmel und Erde.

Die Aufgabe der Kristallkinder ist es, unsere Wahrheit wieder zu erwecken. Sie war ja niemals weg, sie schlief nur sehr lange in unserem Inneren. Vergraben unter

Erziehungsvorschriften, Moralvorstellungen, Erwartungen der Gesellschaft und unseren eigenen Ängsten und Vorstellungen. Unsere Wahrheit wieder zu entdecken, ist nicht nur einfach oder schön. Es bedeutet, sein Leben zu hinterfragen, jeden Punkt in seinem Leben, und dann Schritt für Schritt so zu verändern, dass es unserer Wahrheit entspricht.
Wo handeln wir denn wirklich nach unserer Wahrheit und wo leben wir die Vorstellung der Gesellschaft?
Wo denken wir wirklich noch selber, oder sind unsere Gedanken beeinflusst von den Medien, der Meinung unseres Chefs, unserer Eltern?
Sind wir uns und unserer Wahrheit wirklich treu? Zeigen wir sie nach aussen oder verbergen wir sie vor der Welt?

Die Kristallkinder wollen und können dies nicht mehr. Sie würden an der Unwahrheit zerbrechen. Dies heisst nicht, dass sie nicht zu Notlügen greifen. Es heisst nur, dass sie nicht eine Lüge leben können. Wir schon, oder?

Ich persönlich habe keine Lust mehr, anderen etwas vorzuspielen, empfinde es als sehr befreiend, meine Wahrheit zu leben, ohne sie jemanden aufzuzwingen. Es ist ja meine Wahrheit, nicht ihre und nicht die meines

Nachbarn, sondern schlicht und einfach meine Wahrheit. In dem ich sie lebe, geht es mir gut, das wirkt sich auf meine Familie, meine Umgebung und vielleicht sogar auf die ganze Welt aus, wer weiss das schon?

Kristallkinder haben eine sehr innige Beziehung zur Natur, zu Pflanzen und Tieren. Sie schöpfen sehr viel Kraft daraus.
Mit den Regeln der Gesellschaft tun sie sich schwer, wenn man ihnen diese nicht glaubwürdig erklären kann. Einfach Befehle erteilen, nein das geht nicht. Hier wird der Sinn dieser Regel hinterfragt und man kommt hier tatsächlich ab und zu in Notstand. Da beende ich doch tatsächlich eine solche Diskussion mit den Worten: „Es ist so, weil ich es sage“ Sicher eine sehr gute Antwort und ihr Kristallkind wird diese sicher akzeptieren, oder etwa nicht...?
Geht es Ihnen auch so, dass Ihnen tatsächlich die Argumente fehlen, eventuell sogar, weil es wirklich keine sinnvollen Argumente gibt? Ich glaube hier ist der Punkt, wo wir wohl nicht unsere Wahrheit leben, sondern etwas von unserem Kind verlangen, dass gar nicht unseren Wünschen und Vorstellung entspricht, sondern doch wohl eher der Vorstellung der Gesellschaft, oder unseres Nachbarn, des Lehrers, oder unserer eigenen Eltern.

Natürlich müssen unsere Kinder lernen, sich in die Gesellschaft einzufügen, aber was ist, wenn sich eine ganze Gesellschaft im Wandel befindet? Wie gehen wir denn damit um, wenn gewisse Regeln einfach nicht mehr funktionieren, nicht mehr glaubwürdig für uns sind?

Die Indigokinder haben hier schon einen wunden Punkt der Gesellschaft berührt. Und wenn man beginnt, Kinder ruhig zu stellen, nur damit unsere Gesellschaft reibungslos funktionieren kann, dann habe ich hier schon so meine Fragezeichen.
Sind diese Kinder nicht unsere Zukunft, sollen sie nicht unsere neue Gesellschaft formen, sollten wir nicht unsere Gesellschaft den Bedürfnissen dieser Kinder anpassen?
Kein leichter Weg, aber ich denke, es wäre der richtige Weg. Wenn die Kinder in der Schule nicht funktionieren, wieso überdenkt man dann nicht die Schule? Ist die Gesellschaft so träge geworden?

Die Kristallkinder sind eher sanft in ihrer Ausstrahlung, sie werden nicht mit dem Kopf durch die Wand gehen, aber auch sie fordern einen Wandel im Denken und Handeln unserer Gesellschaft.

Ihre sensible Art hilft ihnen, die Menschen auf sanfte Art zu berühren, meist sind sie sehr angenehme Kinder, die meist auch von Kindergärtnerinnen und Lehrern geschätzt und gemocht werden. Ihre sensible Art, macht ihnen aber auch zu schaffen. Sie wissen sehr gut, was ihnen gut tut und was ihnen schadet. Zwingt man sie dann zu etwas, das ihnen nicht entspricht, können sie sehr heftig reagieren. Weinkrämpfe sind nicht selten bei diesen Kindern, man kann sie kaum mehr beruhigen. Sie selber sagen dann auch oft: „ich kann einfach nicht aufhören.“
Sie ziehen sich aber manchmal auch ganz zurück, werden sehr ruhig und nehmen kaum mehr am aktiven Leben teil.
Viele sind sehr sozial und teilen sehr gerne. Manchmal muss man sie da auch ein wenig bremsen, wobei mir mein Sohn dann aber sagte: „Mami, alles was ich gebe, kommt doch wieder zu mir zurück. Es macht mir Freude, anderen Freude zu bereiten.“

Mein Sohn hat mit ca. 5 Jahren beschlossen, dass er keine toten Tiere mehr isst. Er macht einen grossen Bogen um alles Fleisch und meidet es seit nun doch schon zwei Jahren. Er ist der einzige reine Vegetarier in unserer Familie. Er isst aber sehr gerne Eier und trinkt

gerne Milch. Ich vertraue ihm und seiner Wahrnehmung in diesem Falle ganz, er weiss, was ihm gut tut.
Viele Kristallkinder verlassen sich sehr gut auf ihre Wahrnehmung, mein Sohn fühlt immer ob ein Nahrungsmittel gut für ihn ist. Er hält die Hand darüber und achtet darauf, ob es beginnt zu kribbeln. Nach dem gleichen Verfahren sucht er sich die passenden Steine, Schüssler Salze und Bachblüten aus. Ich bin immer wieder erstaunt, wie gut die ausgesuchten Mittel seinem Wesen und seiner aktuellen Situation entsprechen. Einmal kamen wir beim Spazieren auch an eine Weggabelung, und wir wussten nicht recht, welchen Weg wir gehen sollen. Yannick stellte sich hin, streckte beide Arme aus und sagte: „Hier kribbelts, wir gehen da lang!"

Kristallkinder sind oft Träumer, versinken ganz in ihre Welt. Sie erleben dort wundervolle Dinge. Ihre Wahrnehmung ist so ausgeprägt, dass sie oft Engel oder Naturgeister wahrnehmen, Sie können diese vielleicht nicht immer einordnen, aber sie spüren deren Anwesenheit oder können sie sogar sehen.
Leider sehen die Kinder nicht nur Lichtwesen, oft nehmen sie auch Schattenwesen wahr. Es handelt sich dabei oft um verlorene Seelen,

also Verstorbene, welche noch nicht ins Licht gegangen sind. Diese Seelen werden vom hellen Glanz der Kinder angezogen und oft haben die Kinder Angst vor diesen Wesen. Da diese oft abends und in der Nacht auftauchen, leiden die Kinder dann vor dem Schlafen gehen unter Angst, weinen, zeigen vielleicht in eine Ecke des Zimmers, ohne dass wir Eltern dort etwas sehen können.

Bitten Sie dann doch die Engel um Hilfe. Diese sollen oberhalb des Bettes ihres Kindes ein Lichttor öffnen, dieses ist heller als das Licht der Kinder und wird die verlorenen Seelen stärker anziehen. Ihr Kind wird dann bald ruhiger schlafen können. Ein schwarzer Turmalin unter dem Bett hilft ebenfalls.

Mit der Zeit lernen die Kinder auch, mit diesen Wahrnehmungen umzugehen und erkennen, dass jedes Wesen eigentlich nur auf der Suche nach dem Licht und der Liebe ist.

Aussagen von Eltern:

Michael, 3 Jahre:
sagte zu seiner Mutter: „Ich bin da, um das Licht wieder auf die Erde zu bringen.“

Charlotte, 9 Jahre:
Sie ist sehr sensibel, sie hat Mühe wie wir, mit der Umwelt umgehen, dass Tiere gequält werden und gewichtet Tadel viel stärker als Lob.

Alina, 4 Jahre:
Sie hat grosse Verlustangst und hat oft Alpträume. Alina ist sehr zappelig, wurde schon öfters gefragt, ob sie hyperaktiv sein könnte. Sie *erzählt aus früheren Leben. Warum sie auf der Welt ist, von ihren Freunden, die im Himmel leben und vielem mehr. Sie ist sehr dickköpfig und was sie nicht interessiert, das macht sie nicht. Oft hilft kein gut Zureden oder Schimpfen. Sie bringt uns oft dazu, Regeln und Erziehungsmethoden zu überdenken und zu ändern.*

Regenbogenkinder

Sie sind die wahren Erdenbewohner, ihr Herz, ihr Geist ist rein. Sie sind angefüllt mit Liebe und Bewusstsein. Sich ihrer Aufgabe so ganz bewusst. Sie bringen das Gleichgewicht auf diese Erde zurück.

Sie werden nun schon vereinzelt geboren, und in 10 Jahren kehren dann viele Regenbogenkinder zurück auf die Erde. Bis dahin haben die Indigo- und auch die Kristallkinder den Weg für diese wunderbaren Geschöpfe bereit gemacht und begleiten diese.

Erzengel Metatron zu den Regenbogenkindern:

"Sie bringen alle Farben auf die Erde, stellen das Gleichgewicht zwischen weiblicher und männlicher Energie wieder her. Sie berühren die Herzen der Menschen, bringen sie ins Gleichgewicht. Nicht alle Menschen können mit der Ausstrahlung der Regenbogenkinder umgehen, denn auch sie sind fordernd, wenn auch auf eine andere Art als die Indigokinder.

Die Regenbogenkinder werden erst vereinzelt geboren, es sind aber schon einige hier und sie werden immer häufiger werden. Sie tragen die Balance zwischen der weiblichen und der männlichen Energie in sich, und genau diese Balance sollen sie auf die Erde zurückbringen.“

Ich nehme sie meist mit der Energie von allen Farben wahr. Meiner Erfahrung nach ist immer die Farbe am stärksten, die momentan innerhalb der Familie, dem Umfeld am meisten gebraucht wird. Ich sehe bei vielen Regenbogenkindern eine rosa Aura. Diese Farbe steht für Liebe und Harmonie. Es kann vielleicht auch damit zu tun haben, dass ich diese Farbe eher als weiblich bezeichnen würde, und ich denke schon, dass immer noch ein Ungleichgewicht zwischen männlicher und weiblicher Energie in unserer Gesellschaft herrscht. Gerade Männer spüren dies, merken, wie sich ihre weibliche Seite immer mehr regt und müssen nun oft erst lernen, mit dieser neuen Energie umzugehen. Ich denke, dass jeder für sich eine gewisse Balance zwischen seiner weiblichen und seiner männlichen Seite anstreben sollte, da ich überzeugt bin, dass wir so erst wirklich zu denen werden, die wir sind.

Die Regenbogenkinder haben es nicht einfach. Sie vermitteln mir das Gefühl des schwer Ankommens. Die Welt scheint ihnen recht fremd zu sein, die Energien sind ihnen zu stark, zu emotional, zu wirr.
Sie lieben die Harmonie und Balance, finden diese aber nicht einmal bei uns Eltern, da wir meist ja auch im Ungleichgewicht sind. Für mich sind die Regenbogenkinder mit ihrem Verhalten Spiegel unserer Welt. Wenn ich so meine Tochter betrachte, staune ich oft nicht schlecht, einerseits ist sie extrem liebevoll und zärtlich, auf der anderen Seite kann sie extrem ausrasten mit Schlagen und Schreien.
Diese Kinder wissen nicht, wie sie mit unseren schweren Emotionen wie Angst, Wut, Hass, Neid umgehen sollen. Mir scheint es, als hätten sie dafür gar keine Verwendung. Aber diese Emotionen sind sehr stark in jedem von uns vertreten, und die Kinder brauchen ein Ventil dafür, sie finden es oft in ihren Wutausbrüchen. In dem sie diese Gefühle übernehmen und ausleben, versuchen sie, sie zu verarbeiten, aber Harmonie schaffen sie so nicht.

Die Regenbogenkinder haben aber eher selten Angst vor dunklen Wesen und verlorenen Seelen, mit scheint sie gehen schon viel natürlicher damit um. Manchmal übertreiben sie es auch, meine Tochter liebt die Streiche der Kobolde und lädt sie nur allzu gern zu uns ein, nicht immer zu meiner Freude.

Sie wurde längere Zeit von einem Wesen begleitet, dass ich nicht richtig einordnen konnte. Es war nicht böse, aber es brachte unsere Familie ganz schön durcheinander, es brachte sehr viel Unruhe in unser Leben. Oft habe ich dieses Wesen in Liebe weggeschickt, aber es kam immer wieder. Aus irgendeinem Grund rief Gioia es immer wieder zurück. Mir wurde dabei klar, dass ich eher nachfragen sollte, was meiner Tochter fehlt, dass sie dieses Wesen braucht? Wer weiss, ob sie es nicht selbst mit ihrer Gedankenkraft erschaffen hat? In dieser Zeit wollte sie nie Steine tragen. Sie war noch nie so fasziniert von Steinen wie Yannick, aber sie liebte sie immer. Aber in dieser Zeit zog sie die Steine nur widerwillig an und schon kurz danach wieder ab. Dies war also kein Weg zur Besserung für uns. Was genau den Durchbruch bewirkt hat, kann ich nicht sagen, da wir fast gleichzeitig ein neues Aura Soma aussuchten, Schüssler Salze und Bachblüten einsetzten. Sie wählte in dieser Zeit zielsicher Bachblüten die von tiefer Verzweiflung zeugten und gleichzeitig aber solche mit sehr starker Dominanz, bis zum tyrannischen Typ.

Seitdem das Wesen gegangen ist, ist Gioia viel ausgeglichener, ihre Wutanfälle seltener und viel weniger heftig. Die Schläge gegen mich sind nun ganz verschwunden.

Aussagen von Eltern:

Nina, 4 Jahre:
Nina hält keine Regeln ein. Ich kann sie nicht „bestrafen“, denn es ist ihr egal, wenn sie etwas nicht mehr darf.
Sie lernt nicht aus Erfahrungen und möchte unnötige Dinge nicht lernen z.B. ihren Namen schreiben, sie weiss ja welche Zeichnungen ihr gehören!
Wenn sie keinen Ausweg mehr sieht aus einer Situation, gibt sie nie nach, sie findet immer einen Kompromiss.
Nina hat viele Wutausbrüche (wie ein wildes Tier)

Lukas, 1.5 Jahr:
Er ist sehr sensibel, sehr harmoniebedürftig. Er erträgt schon kleinste Meinungsverschiedenheiten/Wortgefechte unter

Erwachsenen nicht. Will am liebsten immer alle seine Lieben um sich haben, reagiert sehr empfindlich auf Trennungen.

Ich kann Ihnen kein Formular anbieten, bei dem Sie beim Ankreuzen der Antworten herausfinden können, wo Sie ihr Kind eher einordnen können. Lesen Sie dieses Buch und lassen Sie dann Ihre Intuition darüber entscheiden.

Schlussendlich ist jedes Kind einzigartig, ob nun Indigo-, Kristall- oder Regenbogenkind. Es gibt auch noch viele andere Bezeichnungen und selbst innerhalb der einzelnen Bezeichnung könnte man wohl noch weiter differenzieren, aber wozu? Fördern wir unser Kind doch individuell.

Yannick nehme ich z.B. immer mit Engelflügeln wahr und er ist auch sehr an Engeln interessiert. Gioia bezeichnet sich selbst als Elfen-Regenbogenkind und wer sie sieht, wird unwillkürlich an einen Kobold erinnert. Sie liebt Elfen über alles.

Was bedeutet es denn nun, ein Kind der neuen Zeit zu haben?

Nichts Besonderes, es ist schlicht und einfach die Realität unseres Zeitalters. Trotzdem sind wir Eltern gefordert, denn diese Kinder passen nicht mehr in das Schema der heutigen Gesellschaft. Die Kristallkinder mit ihren grosszügigen Herzen werden oft von anderen Kindern ausgenützt, die Regenbogenkinder oft nicht verstanden.

Die Herausforderung liegt darin, die Kinder in beiden Welten zu stärken, ihnen zu helfen, sich in der realen, der materiellen Welt zurechtzufinden, ohne dabei ihre Wahrnehmung und ihre speziellen Fähigkeiten zu verleugnen.

Ich bin überzeugt, jedes Kind ist medial begabt, so wie jedes Kind singen kann. Fördern Sie ihr Kind, wo es ihm Spass macht. Ob aus ihrem Kind nun ein Popstar, oder Opernsänger wird, wäre doch auch nicht wirklich wichtig. Es ist doch einfach schön, wenn ein Kind singt. Soll es nicht genauso selbstverständlich in seinen medialen Fähigkeiten gefördert werden, wenn es ihm Spass macht?

Ich hoffe, Sie finden in diesem Buch einige Anregungen dazu.

Lady Nada:

„Für die Kinder der neuen Zeit ist wichtig, dass sie so wie sie sind in die Gesellschaft integriert werden.
Es ist wichtig, dass sie ihre Fähigkeiten entwickeln und ihre Kraft leben können.
Einerseits glaubt eure Gesellschaft an die Individualität und diese hat einen grossen Stellenwert. In Schule und Beruf versucht aber die gleiche Gesellschaft, alle gleich zu machen, und jeder ist so wieder nur Mittelmass, da die speziellen Begabungen des Einzelnen nicht gefördert werden, nicht gelebt werden können.
Dieses Gleichmachen der Gesellschaft funktioniert aber nicht. Aus diesem und nur aus diesem Grunde gibt es Randgruppen!
Ihr Erwachsenen müsst Euch erinnern, wer Ihr seid, Euch an Eure eigene Wahrheit erinnern und beginnen, diese endlich zu leben. Für uns, für die Kinder und für unseren Planeten."

Mediale Fähigkeiten

Fördern der medialen Fähigkeiten

Ich bin davon überzeugt, dass man die medialen Fähigkeiten der Kinder genauso fördern soll, wie die schulischen, oder die musischen.

Was im Kindergarten meist noch ganz normal ist, nämlich die Fantasie der Kinder nicht nur zu tolerieren sondern zu fördern, ist in der Schule dann schon meist verpönt. Kreativität wird nur am Rande gefördert, zu viel Eigeninitiative unterbunden.
Natürlich verstehe ich die Notwendigkeit von Regeln in der Schule, etwas mehr Kreativität und Flexibilität wäre aber wünschenswert. Dies ist natürlich nicht nur vom Schulsystem abhängig, sondern und vor allem von der Lehrperson. Wir hatten bisher grosses Glück mit den Lehrpersonen, welche auch die Individualität der Kinder fördern.

Trotzdem liegt es vor allem bei uns Eltern, die medialen Fähigkeiten zu fördern oder zumindest sie nicht zu unterdrücken.

Was sind mediale Fähigkeiten?

Im Folgenden werde ich vor allem über das Hellfühlen, -sehen und das -hören schreiben. Hellfühlende Menschen können sich sehr gut in andere Wesen hineinversetzten, sie spüren die Emotionen anderer körperlich. Hellsehende Menschen nehmen Energien wahr. Sie sehen die Aura von Mensch, Tier und Pflanzen. Können Wesen wahrnehmen, die nicht für alle sichtbar sind und sehen Geschehnisse voraus. Hellhörende Menschen, können manchmal die Gedanken von anderen hören, nehmen die Stimmen von Engeln oder anderer Wesen wahr.

Bei Kindern zeigen sich diese Fähigkeit im Alltag durch viel Fantasie, Tagträumerei und Selbstgesprächen. Meist verfügen die Kinder über ein grosses Einfühlungsvermögen. Sie übernehmen die Emotionen anderer, welche sie dann durch Weinen, manchmal aber auch Aggression zu verarbeiten versuchen. Dies ist für uns nicht immer offensichtlich zu erkennen, oder wir halten es für grundloses Weinen, oder können den Wutausbruch nicht in direkten Zusammenhang mit dem Erlebten stellen.

Die Kinder zeigen eine grosse Liebe zu Tieren und Pflanzen, weinen z.B. wenn ein Baum gefällt wird, weil sie seinen Schmerz spüren.

Also in einer ersten Sichtweise, sicher nicht etwas, dass man für den Alltag fördern möchte, oder etwa doch?
Die Kinder haben nun einmal diese Fähigkeiten, werden sie unterdrückt, werden unsere Kinder darunter leiden. Verdrängen hilft hier einfach nicht. Wenn wir sie aber fördern, den Kindern helfen positiv mit diesen Fähigkeiten umzugehen, dann machen wir einen ersten wichtigen Schritt für ein gesundes und sich verstanden fühlendes Kind.

Hellfühlen

Die Fähigkeit, sich in andere Menschen, andere Wesen einzufühlen, ist nämlich von grosser Bedeutung. Wie viel weniger Elend gäbe es auf der Welt, wenn mehr Menschen das täten.
Das Fühlen der Energie von Bäumen kann unseren Kindern eine enorme Kraft und Stabilität in ihr Leben bringen. Ich persönliche tanke viel und gerne Energie im Wald, und wenn ich mal ganz in dieser Ruhe bin, dann stört nicht einmal mehr ein Düsenjet!

Die hellfühlenden Kinder müssen auch lernen, sich gegebenenfalls abzugrenzen, oder wenn sie dazu fähig sind, negative Energie in positive umzuwandeln, da sie ansonsten unter diesen emotionalen Eindrücken zu leiden haben.

Dr. med. Jakob Bösch sagt, dass viele Menschen, die zum Beispiel nicht unter Menschen gehen möchten, da sie da plötzlich von Wut, Trauer oder anderen starken Emotionen überschwemmt werden, schlicht und einfach hellfühlend sind. Viele dieser Menschen befinden sich in psychiatrischer Behandlung und müssten vielleicht nur lernen, sicher besser abzugrenzen, lernen mit ihrer Hellfühligkeit umzugehen.

Wir hatten sicher schon alle einmal Mitgefühl mit anderen Menschen, oder Tieren, spürten ihren Schmerz, ihre Trauer oder auch ihre Freude. Bei hellfühlenden Menschen geht das noch etwas weiter, sie können diese Gefühle kaum von ihren eigenen Gefühlen unterscheiden, sie müssen also lernen zu unterscheiden, sich abzugrenzen.

Dies ist nicht immer einfach, aber man kann es lernen. Ich kann mich voll in eine Situation geben, mitfühlen, mitleben und dann werde ich mir wieder bewusst, wer ich bin, was ich fühle und grenze mich ab. Dazu braucht es natürlich auch das Bedürfnis, sich selber gut zu spüren, seine eigenen Gefühle gut zu kennen.

Wieso dann überhaupt Hellfühlen, wenn man sich dann wieder abgrenzen muss?

Hier eines von vielen Beispielen aus meiner Erfahrung als Tierkommunikatorin: Ein Hündin aus dem Tierheim litt unter schlimmen Albträumen, jede Nacht. Sie erzählte mir ihre Geschichte und ich weinte, ich fühlte mit ihr. Ich konnte ihr den Schmerz nicht nehmen, es war ihr Schmerz, aber ich konnte ihn mit ihr teilen. Auch die Besitzerin spürte den Schmerz körperlich. Mehr konnten wir nicht tun. Die Hündin hatte von da an keine Albträume mehr und schlief ruhig.
Beim Hellfühlen teilen wir etwas von Herz zu Herz miteinander, und dieses Mitfühlen kann der Beginn einer Heilung sein.

Hellfühlen hilft uns auch, uns auf verschiedene Menschen einzustellen. Wir verlieren darin nicht unser Ich, aber wir vergessen es für einen Moment und stellen uns auf das Du gegenüber ein. Dieses sich auf den anderen Einstelle, ermöglicht uns eine andere Sichtweise der Dinge, es ändert nicht immer unsere persönliche Meinung, aber es lässt uns die Sicht des anderen verstehen. So finden wir leichter zu einem Konsens.

Mir hilft das Einfühlen besonders bei kleinen Kindern oder Tieren, um ein körperliches Problem besser zu verstehen. Ich kann dann den Schmerz fühlen, meist bekomme ich dazu gleich die nötigen Bilder, um besser zu verstehen, was das Kind oder Tier quält. So spüre ich einerseits den Schmerz oder die Verspannung und sehe meist auch die Ursache davon.

Aussagen von Eltern:

Charlotte, 9 Jahre:
Sie ist sehr sensibel, sie hat Mühe, wie wir mit der Umwelt umgehen, dass Tiere gequält werden und gewichtet Tadel viel stärker als Lob.

Michael, 3.5 Jahre:
Er ist sehr sensibel auf die Umwelt. Da er hellsichtig und –fühlig ist, darf niemand in unser Haus kommen oder an den Tisch sitzen im

Restaurant, wenn diese Person z.B. sehr krank ist, oder nicht ehrlich ist. Er reagiert dann sehr heftig, streckt oft schützend seine Hand vor uns Eltern. Einmal durfte sich ein Mann nicht neben uns setzen und Michael sagte: dass der Mann sehr krank ist und bald sterben würde. Der Mann leidet an Leukämie. Die Nachbarin darf nicht zu uns kommen, weil sie in ihn, wie er sagt sehr traurig macht. Sie leidet an Depressionen.

Ich gehe später dann noch näher darauf ein, wie man das Hellfühlen schulen kann, wie man lernen kann, sich abzugrenzen, sei es als Kind, oder als Erwachsener.

Hellsehen

Dann haben wir noch die Kinder, die Hellsehen können. Sie sehen Energien, die „normale" Sehende nicht mehr wahrnehmen können. Dies kann wunderbar sein. So haben sie Elfen, die mit ihnen spielen, sprechen mit ihrem Schutzengel, haben imaginäre Freunde, die halt nur sie sehen. Das kann für einige Eltern, Lehrpersonen oder Bekannte schon mal ein wenig, sagen wir mal merkwürdig sein. Was ist aber, wenn die Kinder plötzlich in eine Ecke sehen und zu schreien beginnen, oder abends nicht mehr ins Bett wollen aus Angst vor bösen Geistern? Dann wird es wirklich schwierig.

Die Kinder sehen ja nicht nur schöne Energien, sie nehmen auch dunkle Energien wahr, sehen vielleicht Verstorbene. Auch hier müssen die Kinder lernen, damit umzugehen.

Manche Kinder träumen auch Dinge, die dann passieren. Auch dies kann Eltern und Kinder verunsichern. Auch hier muss man lernen, mit diesen Träumen umzugehen.

Dann nehmen die Kinder oft auch Wesen neben Menschen wahr, manchmal scheint so ein Mensch ganz nett zu sein, das Kind will ihm aber nicht guten Tag sagen, sondern hat Angst. Es kann sein, dass es dann ein dunkles Wesen an der Seite dieses Menschen wahrnimmt, oder einen Verstorbenen, von dem die entsprechende Person noch nicht wirklich Abschied genommen hat.

Dann wieder lächelt es wildfremden Menschen zu, winkt und ist ganz aufgeregt, vielleicht steht da ja ein Engel neben diesem Menschen, oder die Aura dieses Menschen ist wunderschön.

Mit den Wahrnehmungen umzugehen, ist auch nicht einfach, aber auch sie können von grossem Nutzen sein. Nehme ich z.B. ein dunkles Wesen bei meinen Kindern wahr, so rede ich mit diesem, höre mir an, warum es da ist und löse dann die Situation in Licht und Liebe auf.

Das Wahrnehmen von Wesen aller Art ist für mich eine wunderbare Bereicherung meines Lebens und was schadet es mir oder anderen, wenn ich Einhörner sehe und über die Kapriolen von Kobolden lachen kann.

Mir geht es auch so, dass ich vor meinem geistigen Auge die Bilder zum Gespräch sehe.

Wenn mir jemand von einer Situation erzählt, kann ich diese manchmal als kleinen Film sehen.

Aussagen von Eltern:

Robin, 1 Jahr:
Er weint, wenn er dunkle Wesen im Zimmer sieht, schaut oft an mir vorbei (vermutlich zu Wesen) und lächelt, wenn er Engel sieht.

Charlotte, 9 Jahre:
Am Grab meines vor 15 Jahren verstorbenen Grossvaters und der vor 9 Jahren verstorbenen Grossmutter, hat sie die beiden rechts und links vom Grabstein gesehen. Und zwar so, wie sie begraben worden sind. Ausserdem gibt sie Namen Farben und kann die Aura sehen.

Lukas, 5 Jahre:
Es ist bei ihm schwer abzuschätzen, was Wahrnehmungen und was Fantasie ist. Früher hatte ich das Gefühl, er nehme andere Wesen wahr, heute hab ich eher das Gefühl, dass viel Fantasie ist.

Alina, 4 Jahre:
Sie sieht Engel, Verstorbene, Licht- und Schattenwesen. Wenn sie dunkle Wesen sieht,

dann schreit und zittert sie und klammert sich an mich.

Michael, 3.5 Jahre:
Er redet von Engeln die er sieht und meint manchmal, dass wir wieder mal reinigen sollten, weil da ein Wesen mit einem hässlichen Kleid sei.

Hellhören

Dann haben wir noch das Hellhören, das heisst wir hören oder denken Worte, die nicht die unseren sind. Dies kann sehr verwirrend sein. Mein Sohn sagte mal am Tisch. „Hat jemand was gesagt? Ach nicht, dann war es wieder die Stimme vom Himmel die ich gehört habe."

Ich selber höre keine Stimmen, es sind Gedanken, die durch meinen Kopf gehen und es sind nicht meine. Dies zu unterscheiden, ist nicht immer ganz einfach. Oft sind es die so genannten Blitzgedanken, die wir haben und dann denken, wie komm ich jetzt darauf, oder warum ist mir das nicht gleich eingefallen.

So erging es mir jahrelang, ich habe dies aber nie hinterfragt. Nur so mancher Arzt oder Tierarzt fragte mich schon, wieso ich dies oder jenes schon wusste.

Mit der Tierkommunikation schulte ich mein Hellhören, und schon bald hörte ich neben Tieren, auch Blumen, Bäume, Engel und Naturgeister. Anfangs war das schon noch etwas erschreckend, aber mit der Zeit ist es einfach wundervoll und bereichernd.

Meine Kinder sagen mir oft, dass Tiere oder Blumen nicht mit ihnen reden. Ich denke sie erwarten eine Stimme zu hören. Trotzdem kommen sie dann nach Hause mit Blumen für mich und sagen, „Die Blumen wollten zu dir." Oder sie sagen mir, heute ist eines der Pferde traurig.

Mein Sohn Yannick stand mit drei Jahren oft Kopf an Kopf mit einem meiner Pferde und lachte wie verrückt, wollte mir aber nie sagen wieso. Als ich das Pferd fragte, hiess es einfach, das ist etwas zwischen uns.

Solche und ähnliche Erlebnisse hatte ich viele. Von einigen lesen Sie später in diesem Buch noch.

Viele Kinder verfügen - wie ich - über alle diese Fähigkeiten und wohl noch über etliche mehr.

Aussagen von Eltern:

Nele, 3 Jahre:
Vor zwei Tagen erlebte ich dann in der Küche etwas "Sonderbares". Ich war gerade am Kartoffeln schälen, als Nele, die hinter mir am Küchentisch saß, laut und deutlich sagte:" Hallo Opa!" und dann fuhr sie irgendwie fort mit ihm zu kommunizieren. Sie nickte immer mit dem Kopf, sagte laut "ja" und "gut" und nach einigen Minuten auf einmal "Tschüss". Das war mir fast ein bisschen unheimlich, unser Opa, mit dem sie Kontakt hatte, ist vor einem 3/4 Jahr verstorben

Hellfühlen fördern

Das wichtigste ist dabei die Erdung. Viele Kinder der neuen Zeit sind nicht besonders gut geerdet, fühlen sich mehr zu der geistigen Welt hin gezogen und sind so weniger im Hier und Jetzt. Ich denke aber es ist sehr wichtig, im Hier und Jetzt zu sein, denn genau hier haben die Kinder und wir unsere Aufgabe zu erfüllen.

Eine gute Möglichkeit, die Erdung zu stärken, ist die Baummeditation, Sie finden diese im Kapitel Meditation.

Gehen Sie mit den Kindern viel in die Natur, es erdet sie, verbindet sie mit der Erde und es schult ihre Wahrnehmung. Lassen sie ihr Kind oft barfuss laufen, auch dies erdet. Sie können ihr Kind auch ermuntern, einen Baum in ihrer Umgebung als seinen persönlichen Freund auszuwählen. Lassen Sie das Kind ruhig den Baum umarmen, wenn es das möchte und lassen Sie es denn Baum richtig spüren. Machen Sie es auf die Wurzeln aufmerksam, auf den Stamm, die Äste.
Fragen Sie ihr Kind was es fühlt, was es empfindet. Anfangs sind die Kinder eher wortkarg, da es noch ungewohnt ist, über diese Gefühle zu sprechen. Lassen Sie ihrem Kind Zeit. Schön wäre es, wenn Sie es selbst auch versuchen und diese Erfahrung mit dem Kind teilen. Vielleicht spüren auch Sie die Kraft, die vom Baum ausgeht.
Der Baum kann so ein Ort werden, wo ihr Kind auch seine Sorgen erzählen kann und genau

weiss, dass es der Baum niemanden weiter erzählen wird.

Meine Kinder bringen unserem Baum immer Geschenke mit, die sie auf dem Weg finden. Mal ein schöner Stein, eine Blume oder im Frühling auch mal eine Walderdbeere oder im Sommer Brombeeren. Sie sagen der Baum freue sich darüber.

Beim Sammeln von Heilkräutern sind meine Kinder auch oft dabei. Als ich vor kurzem Johanniskraut sammelte, fragte ich meine Kinder, was für ein Gefühl dieses Kraut in ihnen auslöst. Erst kam nichts und dann sagte Yannick: „Freude“ und Gioia: „Glück“. Wenn man nun bedenkt, dass Johanniskraut stimmungsaufhellend ist, dann haben sie es doch sehr gut getroffen, nicht?

Wenn wir im Zoo sind oder auf einem Bauernhof, lasse ich die Kinder sich in ein Tier einfühlen, frage sie, was sie als das Tier fühlen. Nehmen Sie jede Aussage ernst, erklären Sie dem Kind wahrheitsgetreu, was Sie denken und fühlen. Seien Sie ehrlich, verschönern Sie Dinge nicht, falls die Haltung nicht optimal ist oder so. Ihr Kind würde merken, dass es nicht die Wahrheit ist, und es würde es in seiner eignen Wahrnehmung verunsichern.

Wenn dies meine Kinder auch mal traurig macht, so ist es mir doch wichtig, dass sie auch mit diesen Gefühlen umzugehen lernen. Ich schlage ihnen dann vor, dass wir dem Tier nun Licht und Liebe schicken. Wir stellen uns vor, wie wir unsere Herzen ganz weit öffnen und Licht und Liebe vom Himmel her durch unseren Kopf in unser Herz fliessen lassen und von unserem Herzen dann zu dem Tier fliessen lassen, bis es ganz in Liebe und Licht gehüllt ist. Danach bitt ich die Kinder nochmals reinzufühlen, ob es nun besser ist. So lernen sie auch gleich, dass Mitleid nicht wirklich hilft, dass unsere Traurigkeit, das Tier nur noch trauriger macht. In dem wir aber Mitgefühl für das Tier haben und es mit unserer positiven Energie unterstützen, können wir ihm zumindest ein Gefühl des Verstehen und Mitfühlens geben. Mit positiver Energie können wir zumindest energetisch etwas bewegen, beim Mitleid aber nur weitere schwere Energie hinein geben und nichts zur Lösung des Problems beitragen. Selbstverständlich macht es Sinn, auf nicht ideale Haltungsbedingungen aufmerksam zu machen, aber nicht immer wird dies ernst genommen, geschweige denn etwas daran verändert. Wir können hier dann einfach eine positive Energie rein geben und hoffen, dass sich so etwas verändern darf und kann.

Man kann das Einfühlen auch mit einer Meditation üben, das Kind sucht sich ein Tier aus und wir führen es dann als das Tier durch eine Meditation. Erst soll sich das Kind langsam als dieses Tier bewegen, mit den Augen des Tieres sehen, mit der Nase riechen. Dann soll es sich ganz schnell bewegen, an den Lieblingsort gehen usw. Zum Schluss lassen Sie ihr Kind fühlen, was die grösste Stärke dieses Tieres ist. Z.B. Schnelligkeit, Sanftmut, Kraft. Schlauheit usw.

Wenn ihr Kind einen Streit hatte, lassen Sie es ruhig einmal in die Haut des anderen Kindes schlüpfen, wie hat es sich gefühlt in dieser Situation und wie hat sich ihr Kind gefühlt? Es soll ja unterscheiden zwischen eigenen und fremden Gefühlen, gleichzeitig aber auch lernen, die Gefühle der anderen zu respektieren. Dies ist auch mal eine Möglichkeit bei einem Eltern-Kind-Streit. Das Kind versucht, sich in den Elternteil hinein zu versetzten und Sie sich in das Kind. Vielleicht findet sich ja so ein besseres Verständnis für die Bedürfnisse und Wünsche des anderen?

Eine schöne Möglichkeit, das Hellfühlen zu schulen, bieten uns die Heilsteine, die meisten Kinder fühlen sich sowieso zu ihnen hingezogen. Halbedelsteine und Edelsteine haben eine hohe Schwingung, mit deren Hilfe sie körperliche und seelische Blockaden lösen können. Lassen Sie ihr Kind einen Stein seiner Wahl in die Hand nehmen. Wenn es mag, soll es die Augen schliessen und einfach mal den Stein fühlen. Vielleicht spürt es eine Wärme oder ein Kribbeln? Wo geht denn die Wärme oder das Kribbeln hin? Was spürt es? Lassen Sie sich von den Aussagen überraschen.
Ein Kind nahm in einem meiner Kurse einen roten Stein in die Hand, dieser erdet stark. Es war ganz überrascht, weil es nicht in den Händen, sondern in den Füssen kribbelte.

Je mehr ihr Kind lernt, sich bewusst in andere Wesen einzufühlen, je mehr lernt es auch, sich abzugrenzen. Es lernt, zwischen seinen und den Gefühlen der anderen zu unterscheiden. Eine Hilfe in diesem ganzen Prozess können die Pomander von Aura Soma sein, denn sie helfen, besser bei sich selbst zu bleiben, helfen abzugrenzen, ohne auszuschliessen. Es gibt alle Pomander in einem Set, ich lasse meine Kinder immer aussuchen, welchen sie gerade brauchen und habe sehr gute Erfahrungen damit gemacht.

Mehr zum Thema Aura Soma im entsprechendem Kapitel.

Hellsehen fördern

Das Hellsehen fördert man am besten mit kleinen Fantasiereisen oder eben Kurzmeditationen, was für mich eigentlich dasselbe ist. Hier eignen sich alle Meditationen, die sie im entsprechenden Kapitel finden, oder erfinden Sie doch einfach selber welche.

Hellsehen kann man auch schulen, in dem man die Kinder bittet, einmal eine Blume, ein Tier oder einen Menschen länger anzusehen ohne zu blinzeln. Kann das Kind nun einen hellen Schein um die Blume sehen, oder sogar eine Farbe? Dann kann es die Aura der Pflanze wahrnehmen, oder eben des Tieres, des Menschen usw. Farben sagen viel über den Gemütszustand eines Tieres, oder Menschen aus, oder über die Heilkraft einer Pflanze. Farben haben Bedeutung, Farben können Harmonie in Störungen unseres Körpers oder unserer Seele bringen.

Wenn Sie draussen in der Natur sind, fragen Sie ihr Kind doch mal, ob es Naturgeister sehen kann. Vielleicht sieht es sie als kleine Lichter, oder es kann Ihnen diese Wesen bis ins kleinste Detail beschreiben. Lassen Sie sich überraschen.

Lehren Sie ihr Kind auch, dass es diese Wesen, ob Freund oder Bedrohung jederzeit wegschicken kann, wenn es das möchte. Freunde werden dies immer respektieren. In der Schule kann es doch sehr störend sein, wenn ein kleiner Kobold die ganze Zeit irgendwelche Kapriolen macht. Wesen, die ihr Kind als Bedrohung empfindet, soll es doch seinem Engel übergeben. Das Kind kann den oder die Engel einfach bitten, das Wesen ins Licht zu führen.

Manchmal sehen Kinder auch Dinge, die passiert sind oder passieren werden, vor ihrem inneren Auge. Manchmal macht ihnen das auch Angst, oder es verwirrt sie. Hier ist es besonders wichtig, immer ein offenes Ohr für Ihr Kind zu haben und es so gut wie möglich zu unterstützen.

Für mich sind die Bilder, die ich während einer Beratung sehe, sehr wichtig. Manchmal kann ein Bild mehr aussagen als viele Worte. Es vermittelt mir Gefühle und ich verstehe meist ganz genau, was dieses Bild mir sagen soll. Manchmal kann ich aus Szenen aus dem Leben eines Menschen oder Tieres sehen, meist dann, wenn der Betreffende nicht in Worten darüber reden kann oder will. Ich denke, dass dann das Unterbewusstsein des Menschen oder Tieres mir diese Bilder schickt. Ich denke dass man Worte, ja sogar Gedanken „zensieren" kann, aber was ich an Gefühlen oder Bilder erhalte, das ist wahr und ohne Zensur.

Hellhören fördern

Das Hellhören zu schulen ist einfach und schwer zugleich. Handelt es sich um eine fremde Stimme, so kann man diese zwar klar von den eigenen Gedanken unterscheiden, dafür kann sie aber auch viel verwirrender sein. Ist das Hellhören aber mehr ein Helldenken, wird es schon viel schwerer, dies von den eigenen Gedanken zu unterscheiden.

Bei Erwachsenen hat sich sehr das spontane Schreiben bewährt. Man setzt sich mit einem Blatt Papier hin und fragt einen geistigen Helfer, ein Tier oder ein anderes Wesen um Rat und schreibt dann einfach auf, was einem dann in den Sinn kommt, ohne es zu hinterfragen. Wenn man damit fertig ist wartet man einem Moment, geht ganz aus dieser Energie heraus und liest dann das Geschriebene nochmals. Es ist oft erstaunlich was für Redewendungen oder Worte darin vorkommen und selbstverständlich ist auch der Inhalt ist oft verblüffend.

Dies kann man auch mit Kindern, die schon gut schreiben können, versuchen. Meist kommen aber auch schon wir Erwachsen in Zeitnot, da die Gedanken viel schneller als unsere Hand mit dem Stift sind.

Man kann aber auch einen kurzen Fragebogen zusammenstellen, z.B. für das Haustier. Erst das Kind mal sich einfühlen lassen. Dann Fragen stellen wie:
Wie geht es dem Tier?
Was wünscht es sich?
Hat es genügend Futter?
usw.

Hier können dann Bilder oder Gefühle beim Kind aufkommen, welches es versuchen soll, mit Worten zu beschreiben.

Meine Kinder haben beim Hellhören sehr lange erwartet, dass sie das Tier hören und sehen müssen wie es spricht, wie z.B. im Trickfilm. Hier hatte ich Erfolg, in dem ich dann eher aufs Fühlen ging, und plötzlich kamen dann Worte und nicht nur Gefühle.

Also:
Wie fühlt sich das Tier?
Ist es satt oder hat es noch Hunger?
Hat es einen Wunsch?
Was denkt es über dich?
usw.

Haben Sie als Kind auch gelernt zu beten? War es nicht eher einseitig, wir haben gebetet, aber es kam nie eine Antwort, oder? Wahrscheinlich vor allem, weil wir keine Antwort erwarteten. Aber wieso soll ihr Kind nicht mit seinem Schutzengel oder auch mit Gott reden? Lassen Sie doch das Abendgebet zu einem Gespräch werden, wo ihr Kind seine Sorgen oder Freuden mit seinem Engel oder einem anderen Lichtwesen teilen kann.

Das Kind kann seinem Engel oder auch Gott gerne auch mal einen kleinen Brief schreiben und sich dann vorstellen, was der Engel oder Gott wohl zurück schreiben würde.

Spielen, Basteln und Rituale

Rituale helfen uns und unseren Kindern, die Verbindung zur geistigen Welt aufrecht zu erhalten, in den Alltag zu integrieren und zu schulen. Es handelt sich hier um wiederholte Tätigkeiten, welche einen festen Platz in unserem Leben haben. Kreativität spielt bei der Entwicklung von Kindern und ihren Fähigkeiten eine grosse Rolle, so finden Sie in diesem Kapitel auch die eine oder andere Bastelidee.

Wasser energetisieren

Der Japaner Dr. Masaru Emoto gab einen Bildband heraus, in dem er anhand von aufgenommen Wasserkristallen mit Vorher-/Nachher-Effekt die Wirkung von Worten, Bildern oder Musik demonstriert. Er fotografierte zum Beispiel Leitungswasser, bevor es mit Liebe aufgeladen wurde und danach. Die Veränderung ist verblüffend.

Wasser ist ein grossartiger Energieträger, und da wir selber aus einem sehr grossen Anteil Wasser bestehen, können wir diese Energie sehr gut nutzen.

Wir können spielerisch die Qualität unserer Getränke verbessern und das Kind gleichzeitig offen für seine eigenen Bedürfnisse werden lassen. Lassen Sie ihr Kind farbenfrohe Wasseruntersätzer zeichnen. Sie können ihrem Kind erklären, dass das Wasser die fröhliche Schwingung des Bildes übernimmt und sie so beim Trinken auch fröhlicher werden. Die Kinder können dem Bild auch ein Gefühl zu ordnen, welches sie in ihr Leben holen wollen. Z.B. Glück, Freude, Geborgenheit usw.

Spielerisch können wir auch den Körper der Kinder so „aufladen", indem wir mit Lippenstift oder Schminkfarbe auf unserem Körper etwas zeichnen oder schreiben. Meinen Kindern gefällt das sehr, wenn ich eine Sonne oder ein Herz auf ihren Bauch zeichne und dann Glück oder Liebe dazu schreibe. Sie lieben den Körperkontakt dabei und die Aufmerksamkeit, die man ihnen schenkt. Danach gucken sie sich dann die Zeichnungen im Spiegel an und verstärken so die Wirkung der Zeichnung. Es löst bei ihnen glückliche Gedanken aus.

Die Kinder können ihr Trinkwasser auch mit Heilsteinen aufwerten, hier eignen sich mit ganz wenigen Ausnahmen fast alle Halbedelsteine. Sicher liegen sie mit Bergkristall, Fluorit, Bergkristall und Rosenquarz nie falsch. Die Steine geben ihre Schwingung weiter an das Wasser, aktivieren die Heilungskräfte des Wassers und steigern seine Lichtqualität.

Mit Naturprodukten Balsame und Sirups herstellen

Ich stelle zusammen mit meinen Kindern selber Balsame und Sirups her. Wir nennen das dann Hexenküche. Es ist für die Kinder sehr spannend zu sehen, wie aus verschiedenen Materialien dann ein Balsam oder Sirup entsteht. Wir kochen unseren eigenen Hustensirup aus selber gesammeltem Spitzwegerich.
Hier gibt es viele Möglichkeiten, spielerisch die Naturverbundenheit der Kinder zu fördern. Ich lasse die Kinder die Pflanzen vor dem Pflücken immer spüren. Man reibt sich dazu die Hände und hält sie dann über die Pflanzen, meist verspürt man dann ein Kribbeln oder eine Wärme. Oder die Kinder sollen mir spontan

sagen, was sie über die Pflanze denken, oder was für ein Gefühl sie ihnen gibt. Die Kinder bitten auch immer um Erlaubnis, bevor sie die Pflanzen pflücken und sagen ihnen auch wofür sie sie brauchen. Die selbst hergestellten Balsame oder Sirups werden viel lieber angewendet, als gekaufte!

Ein einfaches Rezept für einen guten Erkältungsbalsam ist:

Für einen Öl-Auszug vom Thymian gibt man frischen oder getrockneten Thymian in eine Glasflasche, wenn man mag, kann man auch noch einen Bergkristall oder andere Heilsteine in die Flasche geben, sie verstärken die Heilwirkung. Die Flasche wird dann mit kaltgepressten BIO Olivenöl aufgefüllt und gut verschlossen mind. 3 Wochen an einem sonnigen Ort gestellt. Zwischendurch gut durchschütteln.

Für den Balsam braucht man:

10 gr. Kokosfett
5 gr. Bienenwachs
15 gr. vom abgesiebten Thymian-Öl Auszug

Erst das Kokosfett und den Bienenwachs im

Wasserbad schmelzen und dann langsam den Öl-Auszug dazu geben.

3 bis 5 Tropfen ätherisches Thymian dazu geben und sorgfältig durchrühren und das noch heisse Fett in die Dose füllen.

Bei Erkältung und Husten auf Rücken und Brust auftragen.

Die Zutaten bekommt man in den meisten Drogerien oder Reformhäusern.

Auch das Aussähen von Wildblumen an Waldrändern, kann etwas spielerisches sein. Wenn wir dann später mit den Kindern wieder hingehen und ihnen erklären, wie sich nun Insekten und Naturgeister über die Blumen freuen. Es gibt ja Naturwiesenmischungen von WWF oder ProNatura. Wir wollen ja nicht aus Versehen eine Pflanze sehen, die dann unsere einheimische Flora verdrängt.

Mit der Aura arbeiten

Jedes Lebewesen ist von einem hellen Schein umgeben, einem Energiefeld, der Aura. Es gibt Menschen, welche die Aura in den verschiedensten Farben sehen können. Ich sehe sie jeweils als ein helles Licht, das die Menschen, Tiere und Pflanzen umhüllt. In meiner Wahrnehmung sehe ich dann auch die Farben. Man kann die Aura, oder das Energiefeld rund um ein Lebewesen oder sogar einem Gegenstand auch mit den Händen fühlen. Dies ist eine sehr gute Übung für das Hellfühlen, zeigt den Kindern auch, wie sich ihr Energiefeld durch Gedanken auch verändern kann.

Das Kind, dessen Aura gefühlt wird, soll sich erst mal vorstellen, dass es gross ist, sich gut fühlt und alles erreichen kann. Das fühlende Kind reibt sich die Hände und spürt dem Körper anderen Kindes entlang, kribbelt es, wie weit weg vom Körper spürt das Kind noch die Aura des anderen? Verändert sich der Abstand vom Körper, die Grösse der Aura, wenn das andere Kind nun denkt: ich bin ganz klein, man kann mich leicht übersehen und ich schaffe ja sowieso nichts?

Auch das Sehen der Aura kann man schulen. Lassen sie ihr Kind längere Zeit eine Blume oder Pflanze betrachten, möglichst ohne dass es dann blinzelt. Wahrscheinlich kann es dann einen etwa 2cm breites Band aus Licht rund um die Pflanze sehen und ev. sogar Farben wahrnehmen.

Heilenergie senden

Jeder Mensch verfügt über die Möglichkeit, mit seinen Händen heilende Energie zu spenden. Viele Eltern machen dies unbewusst, wenn sie die Kinder beim Trösten in die Arme nehmen. Ist Ihnen schon aufgefallen, dass man dabei meist eine Hand auf den Rücken des Kindes legt und beruhigende Worte sagt? Ich bin überzeugt, dies ist eine angeborene Art, Heilenergie zu senden.

Beim Senden von Heilenergie wirken wir als Kanal für die Kraft, es ist nicht Sinn und Zweck dabei, dass wir unsere Energie senden und uns danach ausgelaugt fühlen. Viel mehr bitten wir um geistige Hilfe und lassen die Heilenergie durch unser Scheitelchakra in uns und schliesslich in unser Herz fliessen. Von dort lassen wir die Energie dann in unsere Hände fliessen und geben sie weiter.

Wenn Sie das mit ihrem Kind einmal ausprobieren möchten, lassen Sie ihr Kind erst die Handflächen aneinander reiben. Bitten Sie das Kind kurz die Augen zu schliessen und sich vorzustellen, dass ein helles, wunderschönes Licht von Oben in seinen Kopf fliesst und von dort ins Herz. Diese Energie soll es dann in seine Hände schicken und sich vorstellen, wie aus den Händen Licht und Liebe strahlt und dies Ihnen oder einem anderen Kind senden. Das Gegenüber soll die Augen schliessen und es geniessen und danach erzählen, wie sich das angefühlt hat.

Erdung durch Tanzen

Wir machen ab und zu auch unseren Mutter Erde-Tanz, wir haben da ein bestimmtes Lied, das ich dann etwas lauter aufdrehe und wir tanzen dann dazu. Wir machen das dann für unsere Erde und hoffen, dass es ihr gefällt. Uns macht es jedenfalls viel Spass!

Träume und Wünsche senden

Seifenblasen eignen sich hervorragend zum Versenden von Träumen und Wünschen. Wir überlegen uns erst, was wir uns wünschen z.B. gesunde Wälder, klare Seen, Frieden, keinen Hunger auf der Welt oder auch ganz persönliche kleine und grosse Wünsche. Dann stellen wir uns vor, wie wir diese Wünsche in die Seifenblase hinein blasen und sehen zu wie sie davon schweben. Ich erzähle meinen Kindern dann immer, dass nun die Engel oder die Naturgeister unsere Wünsche verteilen und an den richtigen Ort bringen, damit sie in Erfüllung gehen können.

Briefe oder Bilder an den Schutzengel

An den Engelkursen bastle ich mit den Kindern immer einen Engel. Manchmal ist es ein Engel mit Magneten, hier eignet sich fast alles, was Sie finden können und eher flach ist. Meist nehme ich dazu einen aus Holz ausgesägten Engel, den die Kinder dann nach Lust und Laune gestalten können. Dann muss auf der Rückseite nur noch ein Magnet angebracht werden und fertig ist der Magnetengel. Auch aus WC- Rollen kann man fantasievolle Engel gestalten. Es gibt ganz viele Möglichkeiten und kreative Ideen, und Kinder können ihren Engel ganz nach ihren Vorstellungen gestalten. Die Kinder können ihrem Engel dann Zeichnungen anfertigen oder kleine Briefe schreiben in dem sie ihm schöne und weniger schöne Erlebnisse schildern und ihre Wünsche und Hoffnungen mit ihrem Engel teilen können. Diese Zeichnungen oder Bilder klemmt man dann unter den Magnetengel oder rollt sie ein und steckt sie in den WC-Rolle-Engel. Über Nacht holt sich dann der Schutzengel seine Zeichnung oder seinen Brief. So werden der Kontakt und die Verbundenheit zum Schutzengel gefördert und das Kind kann gleichzeitig die Eindrücke seines Tages verarbeiten, seine Sorgen und Hoffnungen mitteilen. Wenn dann ab und zu der Engel sogar mal ein kleines Geschenk platziert freuen sich die Kinder riesig.

Kleinen Altar oder Erinnerungsecken gestalten

Ihr Kind hat sicher irgendwo ein freies Plätzchen, wo man Engel- und Naturgeisterfiguren aufstellen kann. Die Kinder können sich da eine eigene kleine Welt gestalten, die sie daran erinnert, dass auch die Engel und Naturgeister ein Teil unserer Welt sind.

Den Kindern macht es Spass, immer wieder mal neue Figuren zu kaufen oder zu basteln und diese dann aufzustellen. Und ich denke, die Engel und Naturgeister freut so ein kleiner „Gedenkplatz“ auch.

Naturgeisterhaus

Damit sich die Naturgeister in unserem Haus und Garten willkommen fühlen, haben wir ihnen diverse kleine Häuser gebaut. Im Garten haben wir diese mit Fundstücken aus dem Wald gebaut, was den Kindern besonders Spass gemacht hat. Hier reichen schon einige kleinere Holzstücke, die man in die Erde steckt, darüber ein grosses Rindenstück und schon hat das Haus ein Dach. Wenn man dann noch mag, kann man mit Steinen, Tannenästen und Rindenstücken Wände bauen.
Im Haus haben wir diverse Kobold- und Elfenhäuschen, die wir aus Vogelhäuschen, kleinen Kästchen mit Schubladen, aus Kartons und vielem mehr gebastelt haben, die nicht nur den Naturgeistern gefallen, sondern auch für manchen Erwachsenen ein Hingucker sind. Die Kinder können ihrer Vorstellung hier freien Lauf lassen und diese Häuschen nach Lust und Laune bemalen und verzieren. Ich stelle Ihnen einfach Farbe, Pinsel, Klebstoff und diverses Dekomaterial zur Verfügung und los kann es gehen.

Wenn wir solche Häuser aus kleinen Schubladenschränken basteln, macht es den Kindern besonders grossen Spass, die Schubladen dann als Schlaf-, Wohn- oder Esszimmer einzurichten. Und wenn es sich um ein Koboldhaus handelt, wird von Schublade zu Schublade entweder eine kleine Leiter angeklebt oder ein Seil montiert, damit die Kobolde auch ja in jeden Stock kommen.
Mit grosser Freude fragen sie mich dann, ob wohl schon jemand eingezogen ist. Ich frag sie dann immer, was sie denn denken und ob sie vielleicht schon einen Naturgeist gesehen haben.

Windspiele

Immer, wenn ein Windspiel zu klingen beginnt, ist gerade eine Elfe vorbei geflogen ein Engel gelandet oder ein gar vorwitziger kleiner Kobold turnt auf dem Windspiel herum. Windspiele findet man problemlos, besonders schön sind sie natürlich, wenn man sie selber gebastelt und gestaltet hat. Die Kinder freuen sich wenn es zu klingen beginnt und fragen sich dann, ob das nun eine Elfe oder doch ein Engel war, der es zum Klingen gebracht hat.

Wunschschachteln und Schatztruhen

Aus verzierten kleinen Karton- oder Holzschachteln werden Wunschschachteln oder kleine Schatztruhen. Die Kinder können in ihnen kleine Schätze aus der Natur aufbewahren, oder andere Dinge, welche ihnen viel bedeuten. Bei uns kommt in die Wunschschachtel immer ein Stein, dies kann ein Halbedelstein, ein normaler Kieselstein, oder aus Glas geschliffener Stein sein. Die Kinder füllen ihn an mit ihrem grössten Herzenswunsch, sie denken ganz fest an ihren Wunsch und wie schön es sich anfühlt, wenn der Wunsch in Erfüllung geht. Dann stellen sich vor, dass der Wunsch nun in diesem Stein ist und legen diesen in die Schachtel. Die Kinder können den Stein dann immer wieder in die Hand nehmen und sich an ihren Wunsch erinnern. Wenn er sich dann erfüllt hat, können die Kinder den Stein unter laufendem Wasser reinigen und, wenn sie es möchten, wieder einen neuen Wunsch in ihre Wunschschachtel legen. Auch das Formulieren von Wünschen hilft den Kindern, besser mit ihren Gefühlen umzugehen. Es ist eine sehr gute Übung zu fühlen, wie es dann ist, wenn der Wunsch sich dann tatsächlich erfüllt. Fühlt sich das dann wirklich gut an oder vielleicht doch nicht so gut?

Zum Verzieren stelle ich den Kindern verschiedene Streudeko, Schmucksteine, Federn usw. zum Aufkleben zur Verfügung und lasse dann die Kinder und ihre Fantasie frei walten.

Stärken der Aura

Wir können die Aura auf verschiedene Arten stärken. Nur schon die zwei Worte „Ich bin“ lässt das Energiefeld rund um unseren Körper wachsen. Sie können ihr Kind sich auch vorstellen lassen, wie in seinem Herzen ein Licht zu leuchten beginnt. Dieses Licht breitet sich im ganzen Körper aus, bis der ganze Körper in diesem hellen, schönen Licht leuchtet. Das Licht breitet sich dann über den Körper hinweg aus, bis das Kind von einem hellen Licht umgeben ist, so dass sie in einem Eiförmigen Energiefeld stehen. Hat das Licht vielleicht eine Farbe? Oder möchte das Kind es in einer bestimmten Farbe leuchten lassen?
Wenn es einmal schneller gehen soll, oder einfach weil es ein sehr schönes Ritual ist, können sich die Kinder auch einen Pomander

von Aura Soma aussuchen und sich damit die Aura sanft einstreichen. Dies macht den Kindern immer grosse Freude, das aussuchen der Farbe, der Duft der bei jedem Pomander ein anderer ist, stimuliert gleich mehrere Sinnesorgane.

Kerzen

Das gemeinsame Anzünden von Kerzen - besonders in der Winterzeit - ist ein wunderschönes Ritual. Wir sagen damit unseren Engeln oder auch den Naturgeistern Danke für alles, was sie für uns tun. Im Sommer zünde ich mit den Kindern öfters Räucherstäbchen an, und wir sehen zu, wie der Rauch aufsteigt und danken so den Engeln und Naturgeistern.

Besonders Freude macht es den Kindern, wenn sie den Kerzenuntersetzer, oder –ständer selber gebastelt haben. Es gibt in Bastelgeschäften auch viele Möglichkeiten zum selber Herstellen von Kerzen. Mit Kerzensand können schon die ganz Kleinen wunderschöne Kerzen herstellen. Ein normales Trinkglas, ein Kerzendocht und verschiedene Farben von Kerzensand und Sie haben alles, was man für eine dekorative Kerze braucht. Nun nur noch Schicht um Schicht den Kerzensand auffüllen und fertig ist das Kunstwerk. Mit etwas Hilfe können da sogar Kinder im Alter von zwei bis drei Jahren eine schöne Kerze gestalten.

Auch Duftlämpchen sind eine schöne Möglichkeit und das Kind kann sich seinen Lieblingsduft aussuchen oder sich überlegen, über welchen Duft sich sein Engel freuen würde. Jedes ätherische Öl hat eine andere Wirkung auf unsere Gesundheit und unseren Gemütszustand. Kinder mögen sehr gerne die Düfte: Mandarine, Orange, Vanille. Bitte nehmen sie nur die rein natürlichen Duftöle, die synthetischen duften zwar auch, haben aber nicht die gesundheitsfördernde Wirkung der natürlichen ätherischen Öle.

Dies alles fördert die Verbundenheit zwischen Kind und der geistigen Welt. Es lernt, Danke zu sagen für Dinge, die so vielen schon einfach selbstverständlich geworden sind. Einfach mal nur Danke zu sagen, nur weil ein Wesen einfach da ist für einen.

Aussuchen von Heilsteinen

Viele Kinder haben ein sehr grosses Interesse an Halbedelsteinen. Diese können über ihre Farben, aber vor allem auch über ihre Schwingung Körper, Geist und Seele wieder in Harmonie bringen. Das Aussuchen eines Steinanhängers, oder eines Handsteins für den Hosensack hilft dem Kind, sich auf seine Wahrnehmung zu verlassen. Egal, ob es den Stein nur wegen der Farbe aussucht oder jeden einzelnen Stein in die Hand nimmt, bis sich einer besonders gut anfühlt, lassen sie ihrem Kind hier wo es geht freie Wahl. Ein so ausgesuchter Stein gibt dem Kind ein gutes Gefühl, sei es in der Spielgruppe, im Kindergarten oder in der Schule. Der Stein unterstützt das Kind, gibt ihm ein Gefühl von Vertrauen und Geborgenheit. Es gibt Steine, welche die Konzentration fördern, solche die das Kind gut erden, Steine die Selbstvertrauen vermitteln und vieles mehr.

Wir haben in einem kleinen Weidekörbchen ganz viele Halbedelsteine, und die Kinder lieben es, darin zu wühlen, einen Stein genauer zu fühlen, wieder zurück zu legen, den nächsten zu nehmen, bis die dann den richtigen für sich gefunden haben.

Ziehen von Engel- oder anderen Karten

Mit dem Ziehen einer Engelkarte laden wir bewusst die Energie der Engel in unser Leben. Engel greifen nicht einfach so in unser Leben ein, sie wünschen sich, von uns eingeladen zu werden. Es ist unser freier Wille, ob wir die Engel in unser Leben holen und sie um aktive Unterstützung bitten. Bei den meisten Karten stehen immer noch einige Worte, welche uns helfen, die Energie des gezogenen Engels zu verstehen. Wer mag, kann sich dann auch aktiv mit dem Thema der Karte auseinandersetzen und so an seinem spirituellen Wachstum arbeiten.

Ob das Kind nun Lust hat, am Morgen eine Karte zu ziehen, damit der Engel es den Tag durch begleitet, oder es lieber einen Engel für die Nacht zieht, ist ganz dem Kind oder Ihrem Tagesablauf überlassen.

Das Kind kann die gezogene Karte in seinem Zimmer aufstellen oder sie zur Schule oder Kindergarten mitnehmen. Es gibt viele wunderbare Kartensets mit Engeln, Elfen, Einhörnern, Delfinen und vielem mehr. Besuchen Sie doch mit ihrem Kind einen Buchladen und lasse sie es sein persönliches

Kartenset aussuchen. Wenn Sie mögen, können Sie dem Kind die Bedeutung der gezogenen Karte erklären oder einfach das Bild für sich alleine reden lassen.

Krafttiere

Krafttiere sind Begleiter von grossen und kleinen Menschen, welche uns mit ihrer Energie unterstützten und uns helfen, unseren Weg zu gehen. Die meisten Kinder haben ein Lieblingstier. Vielleicht ist es auch für Sie interessant, mal in einem Krafttierbuch die Bedeutung dieses Tieres nachzulesen. Ich bin mir ziemlich sicher, dass Sie erstaunt sein werden, wie gut diese Energie zu ihrem Kind und seiner momentan Situation passen wird.

Durch das Aufhängen von Postern, Postkarten oder Aufstellen einen Plüschtieres können Sie die Verbundenheit zu diesem Tier noch stärken und ihr Kind so noch besser unterstützen. Sie können ihr Kind sich auch in sein Krafttier einfühlen lassen, so dass es sich total verbinden kann mit diesem.

Mandalas

Es gibt viele Malbücher für Kinder mit Mandalas. Meinen Kindern hilft das Malen von Mandalas, in die Ruhe zu kommen, in ihre eigene Mitte zu finden. Durch das einerseits konzentrierte Ausmalen der Mandalas und das freie Aussuchen der Farben werden meinem Gefühl nach die linke und rechte Gehirnhälfte aktiviert und die Kinder in eine gute Balance gebracht.

Es gibt noch viele weiter Möglichkeiten, die Spiritualität und die Fähigkeiten ihres Kindes zu fördern. Schaffen Sie sich eigene Rituale für sich und ihr Kind, lassen Sie ihren Ideen und ihrer Kreativität freien Lauf.

Hilfsmittel zum Fördern der Spiritualität

Meditationen

Meditationen oder nennen wir sie doch einfach Fantasiereisen, ermöglich es den Kindern, sich besser in der geistigen aber auch der realen

Welt zu recht zu finden, da beide ein Teil ihrer Wirklichkeit sind. Es ist eine Geschichte, die wir den Kindern erzählen, bei der sie die Augen schliessen und ganz abtauchen in das Reich der Energie, sich die Bilder dazu vorstellen und wenn sie lieber die Augen offen haben, ist das auch in Ordnung. Meine Tochter Gioia sagt, sie könne besser mit offenen Augen reisen. Die meisten Kinder lieben diese Reisen, für ganz kleine Kinder müssen sie aber kürzer sein.

Es ist immer wieder ein schönes Erlebnis, sich nach einer Meditation erzählen zu lassen, was die Kinder gesehen und gefühlt haben. Erwarten Sie am Anfang nicht zu viel, es ist vor allem für kleine Kinder nicht ganz einfach, diese Bilder und Gefühle mit Worten zu beschreiben. Aber wenn dann so Aussagen kommen wie:

- Mir wurde ganz warm ums Herz
- Mein Herz wurde zu einer Sonne
- Ich fühlte mich so leicht
- Es war einfach schön
- Es war wie Fliegen
- Das Licht war so hell, das hat richtig geblendet

dann gibt mir das immer ein ganz gutes Gefühl, und ich freue mich sehr darüber, dass ich hier dabei sein durfte.

Mit Kindern, vor allem den Kleineren zu meditieren ist nicht immer ganz einfach. Man muss davon wegkommen, dass eine Meditation ganz ruhig ablaufen muss. Kinder bewegen sich während dieser Reisen, sie öffnen auch ab und zu die Augen, sind aber trotzdem erstaunlich konzentriert bei der Sache.

Wenn ich eine Meditation für Kinder führe, halte ich mich eher kurz. Kinder sind extrem schnell abgetaucht in diese Welt und wenn wir sie dort zu lange ohne Führung lassen, verlieren sie sich darin oder verlieren die Lust daran. Während Erwachsene immer wieder grössere Ruhephasen brauchen, um sich ganz einzufühlen, so ist das für die Kinder nach meiner Erfahrung nicht nötig. Sie erleben diese Zeit so intensiv, verlieren total das Zeitgefühl. Sie haben nach einer Meditation von 5 Minuten das Gefühl, sehr lange in dieser Energie gewesen zu sein.
Eine solche Reise führt in eine höhere Schwingungsebene und ermöglicht es den Kindern, einmal wirklich sich selbst zu sein. Für viele ist es eine Art des Heimkommens.

Für die Kinder, die schlecht geerdet sind, eignet sich hervorragend die Baummeditation. Passen Sie die Art der Formulierung ihrem Kind an. Ob das Kind sich dabei hinlegt, auf ihrem Schoss oder auf dem Boden sitzt, spielt überhaupt keine Rolle. Dem Kind und Ihnen soll es dabei einfach wohl sein. Vielleicht betrachten sie vorher gemeinsam noch ein Bild von einem grossen Baum, sprechen über die Wurzeln die tief in die Erde reichen und von den Ästen die sich in den Himmel strecken.

Baummeditation

Schliesse nun die Augen. Atme tief bis in den Bauch hinein ein und aus. Leg vielleicht eine Hand auf den Bauch und spüre, wie sich die Hand bei jedem Einatmen hebt und bei jedem Ausatmen wieder senkt. Du bist ganz entspannt und atmest weiter tief ein und aus.

Stell dir vor, du stehst vor einem mächtigen Baum. Er ist wunderschön. Du spürst seine Energie. Du bekommst Lust, den Baum ganz fest zu umarmen. Tu das nun.
Es fühlt sich so gut an und während du den Baum so umarmst, merkst du plötzlich dass du nun dieser Baum bist. Stell dir vor, dass nun aus deinen Füssen Wurzeln wachsen, mächtige Wurzeln wachsen nun mühelos ganz tief in die Erde hinein, durch Fels und Stein. Vielleicht

helfen Zwerge mit ihren Hacken dabei, dass deine Wurzeln gut durch den Stein wachsen können. Deine Wurzeln wachsen bis in die Mitte der Erde, wo ein riesiger Feuerball, ganz ähnlich wie die Sonne ist.

Lass deine Wurzeln in diese Kugel eintauchen und die rote Flüssigkeit aufsaugen. Sie fliesst durch deine Wurzeln, dann in deine Füsse, deine Beine, in deinen Bauch. Stell dir vor, dass alles ganz mit dieser roten Flüssigkeit gefühlt wird. Sie steigt weiter bis in dein Herz. Sie fliesst über deine Schultern, in Arme, Hände bis in die Fingerspitzen. Sie fliesst in deinen Hals in deinen Kopf. Du bist nun ganz angefüllt mit der Kraft der Erde. Du fühlst dich stark und sicher.

(*Hier kann die Meditation bei kleineren Kindern oder bei Kindern mit schwacher Erdung auch enden)*

Stell dir vor, wie aus deinem Kopf Äste wachsen, die bis zu den Sternen, Mond und Sonne reichen. Durch die Äste fliesst nun Sternen-, Mond- und Sonnenlicht in deinen Kopf. Es ist eine prickelndes, eine heilendes Licht, wie tausend tanzende Lichtfunken. Dieses Licht breitet sich in deinem ganzen Kopf aus, fliesst von dort in deinen Hals, in Arme,

Hände bis in die Fingerspitzen. Sie fliesst in jede Zelle, fordert sie auf, sich zu erneuern.

Das Licht fliesst nun in dein Herz und von dort in deinen ganzen Brustkorb. Es fliesst weiter in deinen Bauch. Dann weiter in deine Beine, und von dort in deine Wurzeln bis ins Erdinnere und heilt auch die Mutter Erde.

Nun bist du verbunden mit Erde und Himmel, ein wunderbarer Kanal für das Licht. Du fühlst dich wie neugeboren, voller Kraft. Atme tief ein und aus. Freu dich über dein Hier sein und komme langsam zurück hier in diesen Raum, ins Hier und Jetzt und erzähle dann, was du erlebt und gefühlt hast.

Eine andere sehr schöne Meditation ist die Schutzengelmeditation

Atmet tief ein und aus, sei jetzt ganz ruhig und entspannt. du liegst jetzt auf einer weichen Wolke, rundherum sind Wolken. Es ist kuschelig und warm auf dieser Wolke. Jetzt siehst du einen wunderschönen Regenbogen. Die Farben sind rot, orange, gelb, grün, türkis, blau und lila. (langsam die Farben wechseln, damit sich das Kind jeder Farbe vorstellen kann und so seine Energiezentren, Chakren, aktiviert)

Jetzt rutscht dein Schutzengel über den Regenbogen zu dir auf die Wolke. Du spürst jetzt, wie der Engel dich mit seinen Flügeln umarmt, dich mit seiner Liebe umhüllt. Wie fühlt sich das an? Spürst du deinen Engel?

Geniess es, von deinem Engel umarmt zu werden.

Nun rutscht du mit deinem Engel den Regenbogen hinab, aus dem Wolkenland wieder auf die Erde. Es ist eine lustige Rutschpartie. Am Ende der Rutschbahn landest du ganz weich auf deinen Füssen.

Du spürst wie du mit beiden Füssen auf der Erde stehst. Dein Engel steht neben dir. Du weißt jetzt, dass dein Engel immer bei dir ist.

Jetzt öffnest du langsam wieder die Augen und kommst zurück ins Hier und Jetzt.

Flügel zeigen lassen

Stell dir mal vor, du hättest durchsichtige Flügel.

Schliesse nun die Augen und sieh dir diese Flügel genau an. Sehen sie aus wie Engelflügel mit Federn? Oder wie Schmetterlingsflügel? Oder sind sie durchsichtig und schillern in allen Farben, wie die Flügel einer Libelle?

Beweg die Flügel mal, wie fühlt sich das an? Kannst du fliegen, na klar also flieg los! Hab keine Angst, dein Engel begleitet dich. Mit diesen durchsichtigen Flügeln kannst du in deiner Fantasie hinfliegen, wo immer du willst. Aber nur in deiner Fantasie. Sie taugen leider nicht zum richtigen Fliegen, aber in der Welt der Fantasie kannst du alles tun.

Wenn du genug gesehen hast, lande nun langsam und vorsichtig wieder. Spüre den Boden unter deinen Füssen. Atme nochmals tief ein und aus und dann komm retour ins Hier und Jetzt.

Wie sieht mein Schutzengel aus?

Lassen Sie ihr Kind die Augen schliessen und sich seinen Schutzengel vorstellen. Was hat er für Augen, für Haare, wie sieht sein Kleid aus, wie die Flügel?
Vielleicht hat er sogar einen Namen?

Es gibt endlose Möglichkeiten für solche Reisen. Wie wäre es, auf einem Einhorn durch die Wälder zu galoppieren oder auf einem Pegasus durch die Wolken zu fliegen?

Aura Soma

Aura Soma ist eine ganzheitliche Therapie, die Körper, Geist und Seele gleichermassen anspricht. Aura Soma ist eine Wasser-Öl-Emulsion, 50% Wasser, 50% Öl, es dringt gut in die Haut ein und entfaltet von dort seine Wirkung.

Die Pflanzenauszüge von 49 verschiedenen Kräutern befinden sich in der Wasserlösung. Alle Zutaten für Aura Soma sind rein natürlich. Sie enthalten auch Energien von Heilsteinen und selbstverständlich spricht uns Aura Soma auch durch seine Farben an. Auch duftet jede Flasche etwas anders. Sie sehen, man wird wirklich mit fast allen Sinnen angesprochen.

Vor dem Auftragen wird die Flasche geschüttelt, so dass sich die Wasser- mit der Öl Lösung vermischt. Die Flüssigkeit wird immer rund um den Körper aufgetragen, meist auf der Höhe des Chakras mit der entsprechenden Farbe.

Es gibt über 100 verschiedene Balance Flaschen, ich bin sehr dafür, dass sich ihr Kind selber eine aussuchen soll, ob diese nun zum Kinderset gehört oder nicht.
Es gibt einige der Flaschen, die ich Ihnen aber besonders ans Herzen legen möchte, gerade bei den ganz Kleinen, die noch nicht selber zeigen können welche Flasche sie sich wünschen.

Nr. 11, Klar über Pink.
Sie ist besonders geeignet, Neugeborene auf dieser Welt willkommen zu heissen. Es hilft aber auch Kindern, welche sich in einer Umbruchphase befinden, bzw. wenn ein Neuanfang bevorsteht. Und es ist in jedem Alter eine wunderbare Flasche, wenn man traumatische Erlebnisse sanft aufarbeiten

möchte. In den Büchern wird sie meist bis zum Alter von neun Monaten empfohlen, kann aber in jedem Alter angewendet werden.

Nr. 20, Blau über Pink
Sternenkind, ist eine hervorragende Flasche für Kinder. Es hilft Kindern, in schweren Zeiten, bietet ihnen einen emotionalen Schutz. Man kann sie im Sinne eines Notfallöls nach allen Arten von Schock oder Angstzuständen z.B. Albträume auftragen. Es hilft beim Zahnen und bei Bauchschmerzen (nur Äusserlich anwenden!). Es wirkt leicht fiebersenkend.

Zum **Kinderset von Aura Soma** gehören:

Nr. 11, Klar über Pink, von Geburt bis etwa neun Monate
Nr. 12, Klar über Blau, bis zur Abstillphase
Nr. 13, Klar über Grün, bis zum Abschluss der Trotzphase
Nr. 14, Klar über Gold, Kindergartenanfang
Nr. 15, Klar über Violett, Schulanfang

Meine Kinder lieben die Pomander von Aura Soma. Ich habe das Therapeuten-Set mit allen Pomandern, und sie lieben es, sich die passende Farbe auszusuchen und sich damit zu pomandern. Manchmal pomandern sie dann auch gleich den Papa, den Hund oder sogar die Pflanzen mit ein, weil die es eben auch ganz nötig haben.

Die Pomander beruhen auf einer Basis von Alkohol. Sie haben jeweils eine Farbe und nicht wie die Equilibrium Flaschen zwei Farben. Jeder Pomander hat einen ganz eigenen Duft, dieser hängt mit den 49 Kräutern zusammen, die in der Herstellung verwendet werden. Ebenfalls beinhalten sie die Schwingung von Heilsteinen.

Man gibt einige Tropfen des Pomanders in die Handflächen und reibt dies dann gegeneinander, streckt die Hände gegen Himmel und streicht den Pomander dann in die Aura ein. Das heisst, man fährt seinem Körper entlang im Abstand von einigen Zentimetern. Wenn man ganz eingehüllt ist von dieser Energie, nimmt man die Hände vor das Gesicht und atmet den Duft und die Energie dreimal tief ein. Über die Wirkungsweise der einzelnen Pomander können Sie sich in den entsprechenden Büchern oder im Internet informieren.

Lassen Sie ihr Kind ruhig damit experimentieren, es darf es auch in die Aura einreiben, einfächeln oder was auch immer ihm Spass macht.

Aussagen von Eltern:

Charlotte, 4 Jahre:
Sie hat sich schon als Kleinkind immer über die Aura Soma-Fläschchen meiner Mutter hergemacht und hellblau und blau bevorzugt.

Nina, 4 Jahre:
Sie freut sich immer, wenn ich es ihr auftrage.

Alina, 4 Jahre:
Auf Alina wirkt Aura Soma beruhigend.

Es ist schwierig, die Wirkung von Aura Soma mit „Fakten“ zu beschreiben. Die Kinder haben Freude an den farbigen Flaschen, freuen sich über den Körperkontakt beim Einstreichen und es tut ihnen einfach gut. Wenn da noch mehr ist, und davon bin ich überzeugt, dann ist das umso besser.

Bachblüten

Bachblüten ist Ihnen eventuell schon ein Begriff. Die Grundidee ist einfach, die

Schwingung der Pflanze wird auf Wasser übertragen und mit Alkohol haltbar gemacht. Jede Pflanze verfügt über eigene Kräfte, welche sich auf Grund der Schwingung auf uns übertragen und uns helfen können.

Vor allem die Notfall-, oder Rescuetropfen findet man schon in vielen Haushalten. Ich habe immer die Notfallglobuli dabei, da meine Kinder diese besonders mögen und ich denke, dass auch das lutschen der Globuli schon zu einer Beruhigung der Kinder mit beiträgt.

Ich denke in allen schwierigen Situationen an die Notfalltropfen oder –globuli. Nach einem Sturz, bei Krankheiten, in Stresssituationen, nach Schocks usw.

Meine Kinder, 5 und 7 Jahre, dürfen sich aus den Bachblütenkarten jeweils 3 bis 5 Karten aussuchen, und wir mischen dann diese in einer Pipettenflasche. Es erstaunt mich immer wieder, wie gut meine Kinder rein nach ihrem Gespür die passenden Mittel finden. Manchmal überrascht mich auch eine Blüte, aber ich mische sie trotzdem den anderen bei, ich verlasse mich da auch auf meine Intuition, die mir schon aufzeigt, wieso genau diese Blüte auch noch gebraucht wird.

Wenn Ihnen die zu unsicher ist, so habe ich hier einige bewährte Mischungen.

Für **alle Arten von Neuanfängen** wie Wohnungswechsel, Kindergartenanfang, Geburt eines Bruders oder Schwester usw.
Aspen, Honeysuckle und Walnut, nach der Geburt oder wenn ein Schockereignis vor diesem Neuanfang steht, noch Star of Bethlehem.
Aspen oder Zitterpappel hat einen Bezug zu unerklärlichen vagen Ängsten und hilft, ins Urvertrauen zu finden.
Honeysuckle oder Geissblatt hilft, die Vergangenheit loszulassen und ins Jetzt zu finden.
Walnut oder Walnuss hilft, sich auf das Neue einzulassen.

Bei **unsicheren Kindern** empfehle ich: Agrimony, Larch und Oak
Agrimony oder Odermennig verhilft zu einem inneren Frieden.
Larch oder Lärche behebt einen Mangel an Selbstvertrauen und hilft, sich selber zu entfalten.

Oak oder nimmt den Erwartungsdruck, es hilft seine Aufgaben im Rahmen seiner Möglichkeiten zu erfüllen.

Bei **rechthaberischen Kindern**: Vine, Crab Aepple und Chicory

Vine oder Weinrebe hilft, anderen nicht seine eigenen Vorstellung aufzudrängen, sondern steht zu seiner Meinung ohne diesen anderen aufzuzwingen.

Crab Aepple oder Holzapfel hilft, die Dinge aus sich selbst heraus zu betrachten, dem Aussen nicht aufzwingen, was im Inneren nicht stimmt.

Chicory oder Wegwarte hilft, von der fordernden zu der gelassen Liebe finden.

In der **Trotzphase** helfen: Crab Aepple, Honeysuckle, Walnut und Cherry Plum

Crab Aepple oder Holzapfel hilft, die Dinge aus sich selbst heraus zu betrachten, dem Aussen nicht aufzwingen, was im Inneren nicht stimmt.

Honeysuckle oder Geissblatt hilft, die Vergangenheit loszulassen und ins Jetzt zu finden.

Walnut oder Walnuss hilft, sich auf das Neue einzulassen.

Cherry Plum oder Kirschpflaume bei Überreaktionen, hilft zu Gelassenheit, Mut und Kraft zu finden.

Da jedes Kind einzigartig ist, sind dies nur Vorschläge, die auf meiner Intuition beruhen und wie ich hoffe, für viele Kinder eine Hilfe sind. Natürlich sind individuell für ihr Kind zusammengestellte Mischungen die beste Lösung, aber nicht jeder hat ja eine Fachperson zur Hand. Zum Glück gibt es aber schon viele Fertigmischungen, auf die Sie im Problemfall zurückgreifen können.

Aussagen von Eltern:

Charlotte, 9 Jahre:
Habe sehr gute Erfahrungen mit den Notfalltropfen gemacht.

Lukas, 5 Jahre:
Mit Bachblüten hat schon die ganze Familie gearbeitet inkl. Tiere. Sie sind eine gute Unterstützung, die uns alle schon gesunden liess oder aber positiv veränderte. Lukas liebt es, wenn er die Tröpfli nehmen darf, wir müssen immer schauen, dass er nicht alles auf einmal nehmen will.

Alina, 4 Jahre:
Sie bekam mal eine Mischung für ihren Selbstwert. War erstaunlich, schon nach

einigen Tagen war sie viel selbstbewusster, auch anderen Kindern gegenüber.

Heilsteine

Vor allem die Kristallkinder haben eine ganz besondere Verbindung zu den Heilsteinen, sie fühlen sich sehr von ihnen angezogen. Heilsteine sind Energieträger und Heiler, sie unterstützen uns dabei, uns selbst kennen zu lernen, unsere Fähigkeiten zu erkennen und diese dann im Leben auch umzusetzen.

Es gibt so viele gute Bücher über Heilsteine, dass ich mich eher kurz fassen werde, obwohl sie zu meinen Lieblingshilfsmitteln gehören. Sie können sich bei der Auswahl der Steine auch auf ihr Kind verlassen, es weiss, welchen Stein es braucht. Alle Kinder reagieren sehr positiv auf die Schwingungen von Steinen und sie helfen ihnen, ihre Balance zu finden oder diese in unserer hektischen Zeit zu bewahren.

Wenn ihr Kind einen Stein ausgesucht hat, reinigen Sie diesen kurz unter laufendem Wasser und wenn Sie mögen, bitten Sie ihn doch darum, ihrem Kind auf seinem Weg zu helfen. Man nennt dies auch Programmierung.

Sie können den Stein in die rechte Hand nehmen und ihren Wunsch äussern. An meinem Engelkurs lasse ich die Kinder einen Stein aussuchen und ihn in die Rechte Hand nehmen. Dann bitte ich sie die Augen zu schliessen und sich vorzustellen, wie es ist wenn ihr Engel sie umarmt (siehe Engelmeditation). Sie sollen sich dann vorstellen, wie ihr Herz zu leuchten beginnt und die Liebe ihres Engels durch ihren Arm in die Hand und in den Stein fliesst bis dieser zu leuchten beginnt. Danach ziehen die Kinder den Stein an, stellen sich nochmals vor wie der Stein nun an ihrem Hals leuchtet und wie sie dieses Licht schliesslich ganz umfängt und sie sich beschützt und geborgen fühlen. Es ist nicht von Bedeutung, ob es sich um einen Handstein handelt, einen Anhänger oder eine Kette. Wichtig ist nur, dass der Stein ihrem Kind gefällt.

Bei Kindern, die schlecht schlafen, hat es sich sehr bewährt, einen schwarzen Turmalin unter dem Bett des Kindes zu platzieren. Reinigen Sie auch diesen erst unter laufendem Wasser, bitten Sie ihn um Schutz für ihr Kind. Vielleicht legen Sie ihn auch noch eine Stunde unter die Sonne, sie lädt seine Energie voll auf.

Meist schlafen die Kinder schon die erste Nacht viel ruhiger in ihren Betten. Vergessen Sie nicht, den Stein ab und zu reinigen und an der Sonne aufzuladen.

Der Rosenquarz hilft aggressiven aber auch unsicheren Kindern sehr, da er eine große Liebesschwingung in sich trägt und sanft erdet. Rosenquarz nicht an der Mittagssonne aufladen, lieber in den Morgen- oder Abendstunden.

Der Bergkristall ist ein grossartiger Stein für die Kinder der neuen Zeit. Er hilft in fast allen Lebenslagen, und mit ihm haben sie sicher immer den richtigen Helfer zur Hand. Sie können ihn jederzeit an der Sonne aufladen.

Lassen Sie ihr Kind den Stein doch einfach mal spüren. Es kann ihn dazu in die Hand nehmen und die Augen schliessen. Es soll sich einfach auf den Stein konzentrieren. Kann es ein Kribbeln, oder eine Wärme spüren? Macht der Stein es glücklich, mutig, sicher usw.

Aussagen von Eltern:

Lukas, 1.5 Jahre:

Er trägt sie mit sich herum und legt sie in eine spezielle Schachtel. Aber auch „normale“ Steine liebt er innig.

Nina, 4 Jahre:
Sie hat sehr gerne Halbedelsteine, vor allem rote oder rosa Steine.

Alina, 4 Jahre:
Sie sagt, dass die Steine sie beschützen.

Auszug aus einer Botschaft, die ich erhielt über Edelsteine:

Heilsteine sind der Schlüssel zur inneren Welt und zu anderen Ebenen des Seins. Verbindet euch mit ihnen und ihr werdet staunen!

Larimar: Ich fördere die Intuition, stelle Verbindung zu Atlantis her. Bringe altes Wissen wieder ins Bewusstsein. Auf dem Kehlchakra verstrahle ich die grösste Kraft, auf dem Herzchakra eine sanfte, aber tiefe Kraft.
Kindern verhelfe ich zu innerer Ruhe und helfe ihnen, die Gefühle ihres Herzens in Worte zu fassen.

Sonnenstein: Lebensfreude, prickelnde Lebensfreude bring ich dir. Ich bin ein Freude

bringender Stein in alle Lebensbereiche. Als Edelsteinwasser bringe ich Leichtigkeit in deine Gedanken, bringe so alles in Fluss, auch die Durchblutung. Ich lehre dich die Leichtigkeit des Seins. Jubiliere! Freu dich, dein wahres Ich erwacht.
Kindern helfe ich, die Sonne im Leben wieder zu entdecken, helfe ihnen, ihre Ängste zu überwinden und an ihre eigene Kraft zu glauben.

Feueropal: Ich bringe Kraft in dein Leben, indem ich dein Feuer entfache. Ich bringe Lebenskraft und Feuerkraft in dein Leben.
Ich bin nicht für jeden geeignet. Wer mich liebt, liebt seine Kraft und ist bereit für sie.
Für Kinder bin ich oft zu feurig, zu explosiv, doch wenn ein Kind mich aussucht so schenke ich ihm eine grosse Kraft und ein Gefühl der Geborgenheit.

Boulderopal: Harmonie bring ich dir. Mich lieben Menschen, die das Licht und Farbe in allem sehen. Ich erscheine erst meist unscheinbar, doch im Licht betrachtet erstrahle ich im schönsten Farbenspiel.
Kinder lieben mich, wenn sie mich erst erkannt haben. Wenn sie nicht nur mein unscheinbares Braun, sondern mein Farbenspiel in allen

Schattierungen wahrnehmen. Ich zeige ihnen, dass es sich lohnt, genau hinzusehen.

Turmalin schwarz: Ich bringe dir Wärme und Halt, erde stark und schütze dadurch. Ich stärke das Immunsystem, reinige und erneuere. Ich schenke dir Stärke und Willenskraft.
Kindern verleihe ich Schutz, weil ich sie erde. Ich verbinde sie mit der Kraft der Erde, das macht ihre Aura stark und schützt sie vor äusseren Einflüssen.

Turmalin grün: Ich stärke deine Abwehrkräfte, bringe Klarheit in die Strukturen von Körper, Geist und Seele, verbinde dich mit dem Feenreich, stärke deine Intuition und andere mentalen Fähigkeiten, verbinde mit der Liebe zur Natur, heile, was geheilt werden will.
Ich stärke das Immunsystem der Kinder, besonders der Kinder, die Mühe mit der Atmung haben oder an Allergien leiden. Ich heile ihr Herz und öffne es wieder für die Wunder aller Welten.

Turmalin rosa: Ich bringe die bedingungslose Liebe zurück in dein Sein, öffne dein Herz, befreie von alten Schlacken, bringe Licht und Leidenschaft in dein Leben, Lebenskraft und Liebe. Auf dem Herzchakra fördere ich die

Liebe, auf dem Basischakra die Lebenskraft. Als Elixier stärke ich den Fluss im Körper.
Ich hülle die Kinder in das Licht der bedingungslosen Liebe. Wenn sie mich tragen, fühlen sie sich eingehüllt in eine Aura von Liebe und Licht.

Labradorit: Bringe Klarheit in die Gefühlswelt. Löse Blockaden und Seelenschmerz. Ich helfe den Schmerz in Gelenken zu lösen, dies am besten als Elixier äusserlich und innerlich verwenden. Ich eigne mich für jedes Chakra, lasse meine Energie auf jedem fliessen zum Wohle des Menschen.
Kindern verhelfe ich zu einem besseren Umgang mit ihren Aggressionen, bringe ihnen die Balance zwischen innerer und äusserer Welt.

Rubin: Liebe, unendliche, bedingungslose Liebe schenk ich dir, öffne die Türen deines Herzens mit Wucht. Wer mich liebt, liebt die Liebe.
Ich bin ein Stein, der jedes Herz öffnet, vermag jede Wunde zu heilen. Kinder, die mich lieben, verfügen über ein grosses aber verletztes Herz. Ich heile es, ich tue nicht mehr, aber auch nicht weniger.

Angelit: Frieden bringend. Harmonie und Ruhe bringe ich in dein Leben. Den Gesang der Engel trage ich in dein Herz. Friede kehrt ein, Friede mit dir selbst und dem Leben.
Als Elixier heile ich Herz-, Hals- und Ohrenschmerzen. Ich bringe Weitsicht und Klarheit.
Kinder lieben mich, ich schenke ihnen den Gesang des Himmels und lasse sie ihre Flügel ausbreiten.

Coelestin: Freiheit der Gedanken. Der Gedankenfluss wird stimuliert. Phantasie und Gegenwart wird Eins. Einheit von Intellekt und Gefühlswelt bringe ich. Dies führt zu tiefem Frieden, Ruhe und Geborgenheit im Sein.

Bergkristall, Kugel: Sanft schwingende, reinigende Kraft sende ich aus. Reinige, harmonisiere, bringe alles in Einklang.
Kindern verhelfe ich zur Stabilität, bringe ihre Kraft zum Fliessen und helfe ihnen loszulassen, was sie behindert.

Ammonit: Ich verbinde dich mit deinem Urvertrauen, setze deinen ganzen Körper in Schwingung, da ich jede Zelle an die Urinformation erinnere.

Bin Zellerneuernd, erinnere jede Zelle an ihre Urprogrammierung.
Nichts endet, alles ist im Fluss, im Einklang mit dem Universum. Freude herrscht, Reichtum und Fülle, alles ist da, alles liegt in dir.
Ich nehme den Kindern die Angst, weil ich jede ihrer Zellen an den Ursprung erinnere, ich sie verbinde mit dem Urvertrauen, welches wir alle im Herzen tragen.

Rutilquarz: Segensreiche Kraft bring ich dir, lass deine Seele erstrahlen in ihrer ganzen Pracht. Lindere Seelenschmerz aus längst vergangen Tagen, bringe das Licht zurück, durchflute dich mit segensreichem Licht.
Kinder, die mich lieben, erinnern sich vergangener Leben, aber verleugnen ihre eigene Kraft. Ich helfe ihnen, das Vertrauen in sich selbst wieder zu erlangen.

Smaragd: Ich berühre die Herzen der Menschen, stärke ihr Immunsystem. Meine Grösse ist nicht von wahrer Bedeutung, bin ich doch mit dem Grossen verbunden. Auf dem Herzchakra stärke ich die reine Herzensliebe zu allem Sein.
Ich bringe Kinderherzen zum Leuchten, unterstütze ihre frische, natürliche Kraft der Liebe.

Sugilith: Bringe Klarheit über die neue Energie. Auf dem Scheitelchakra öffne ich für Wissen, auf dem 3. Auge schenke ich dir Visionen. Wer mich trägt, stellt sich seiner wahren Berufung, ist bereit, weit mehr anzuerkennen, als der reine Verstand ohne das Gefühl je bereit wäre.
Auch bin ich ein sehr kräftiger Heilstein, meine Wirkungsweise würde Seiten füllen.
Kindern verhelfe ich dazu, ihren Seelenauftrag zu erkennen und schenke ihnen die Kraft ihn zu erfüllen.

Rosenquarz: Meine Schwingung ist sanft, aber nicht minder kraftvoll. Kinder lieben meine Sanftheit, ich hülle sie in das sanfte rosa Licht der Liebe und Geborgenheit. Ich erde sie sanft, dies ist für viele Kinder der neuen Zeit von grosser Bedeutung.

Aquamarin: Ich beruhige eine aufgewühlte Seele, bringe ihr den Frieden zurück. Ruhigen Seelen ermögliche ich tiefe Einblicke in ihr wahres Sein. Kinder mögen meine beruhigende Wirkung, und auch eine gewisse Fröhlichkeit und Leichtigkeit strahle ich aus.

Natur und Tiere

Die Kinder der neuen Zeit haben eine tiefe Verbindung zur Natur oder können diese aufbauen. Die Natur hilft ihnen, ihre Kraftreserven aufzufüllen und zur Ruhe zu kommen. In dem Umfeld, in dem wir nun mal leben, sind unsere Kinder ständig Strahlungen ausgesetzt. Der Gang in die Natur hilft hier, dem Körper und der Seele sich davon zu erholen und einen Schutz aufzubauen.

Auch sind viele Kinder der neuen Zeit sehr energiegeladen, was kann hier besser helfen als sich in der Natur so richtig auszutoben und gleichzeitig seine Wurzeln zu stärken?

Aussagen von Eltern:

Lukas, 1.5 Jahre:
Er war schon als ganz kleines Baby am liebsten im Wald. Auch heute liebt er Bäume, ahmt die Bewegung der Blätter im Wind mit den Händen nach. Liebt Steine und bückt sich immer nach einem Stein, er trägt mindestens einen mit sich herum.

Tyrese, 3 Jahre:
Er muss immer draussen sein. Er ist nicht gerne zu Hause. Darum ist er nun auch in einer Waldspielgruppe.

Nina, 4 Jahre:
Sie ist sehr gerne draussen, „deckelt" gerne und spielt viel mit Steinen und Wasser.

Alina, 4 Jahre:
Sie ist gerne im Wald, sammelt Blumen, Steine und Schneckenhäuser.

Leonie, 13 Jahre:
Sie liebt das Alleinsein in der Natur.

Tiere

Tiere helfen den Kindern, sich zu öffnen, die nonverbale Sprache der Tiere ermöglicht es den Kindern, ihre telepathische Gabe und ihr grosses Einfühlungsvermögen einzusetzen und zu schulen. Meist fühlen sich die Kinder im Kontakt mit Tieren gestärkt und verstanden. Tiere sensibilisieren die Kinder aber auch, Rücksicht auf Schwächere zu nehmen und Verantwortungsbewusstsein aufzubauen. Mir ist immer wichtig, den Kindern auch viel über die Bedürfnisse der Tiere wiederzugeben. Sie sollen verstehen, was das Tier braucht, um sich wohl zu fühlen und glücklich zu sein und dass der Mensch, wenn er Tiere hält, dafür verantwortlich ist, dem Tier zu bieten, was es braucht, um ein artgerechtes Leben zu haben.

Das heisst nun nicht, dass sie sich ein Tier anschaffen müssen, geben Sie ihrem Kind nur die Möglichkeit den Kontakt zu Tieren zu finden, wenn es das gerne möchte.

Aussagen von Eltern:

Lukas, 1.5 Jahre:
Er ist stets umgeben von unseren Hunden und Katzen. Geht sanft und liebevoll mit ihnen um. Will unsere Schafe begrüssen gehen, wenn wir nach Hause kommen. Zeigt bei Spaziergängen auf alle Tiere, die uns begegnen.

Lukas, 4 Jahre:
Er plagt sie leider oftmals, und doch könnte er nicht ohne sein.

Nina, 4 Jahre:
Sie ist sehr fürsorglich zum Hund von ihrer Oma. Sie begrüsst und verabschiedet sich immer speziell von ihm.

Stella, 7 Jahre:
Die ersten Jahre gar keinen Bezug zu Tieren, jetzt ein weinig. Sie möchte aber weniger Fleisch essen, damit die Tiere nicht sterben müssen.

Alina, 4 Jahre:
Sie schimpft mit anderen Kindern, wenn die auf Ameisen oder Käfer treten und spricht oft mit unserer Schildkröte.

Leonie, 13 Jahre:
Tiere haben bei ihr einen grossen Stellenwert, manchmal kommen sie noch vor den Menschen.

Homöopathie

Da die Homöopathie ein sehr weites und komplexes Thema ist, werde ich hier nur ganz kurz darauf eingehen.
Auch Homöopathie ist nicht einfach harmlos, bitte sehr sorgfältig und bewusst damit umgehen und nicht einfach mal schnell ein paar Kügeli einwerfen!

In Einmalgaben von 2 bis 5 Globuli haben sich folgende Mittel bewährt:

Aconitum C 30, bei Schock aller Art und Panikzuständen (Todesangst)

Arnica C200 bei allen Verletzungen.

Arsenicum album C200 bei Angst vor dem Alleinsein, vor Gespenstern usw.

Jodum C30 wenn das Stillsitzen eine Qual ist, innere Unruhe, immer in Bewegung. Bitte wirklich nur eine Einmalgabe!

Silicea C200, bei unsicheren, schüchternen Kindern. Auch bei diversen Ängsten wie: Furcht vor Spritzen, Geräuschen, Gewittern usw. Auch bei sehr trotzigen Kindern hat es sich bewährt. Hier hilft auch das Schüsslersalz Nr. 11 Silicea, hier aber überein Zeitraum von 2 bis 3 Monaten einnehmen.

Staphisagria C200, es fehlt die Anerkennung der eigenen Person, fühlt sich oft ungerecht behandelt, hat Angst, dass man zu wenig beachtet wird

Stramonium C200, bei Kindern, die zu Wutanfällen mit Gewalttätigkeit neigen.

Schüssler Salze

Bei den Schüsslersalzen handelt es sich um potenzierte Mineralien, Lebenssalze, die der Körper braucht, um gesund und vital zu bleiben. Diese Salze unterstützen aber nicht nur den Körper, sondern auch die Psyche.

Sie leisten hervorragende Arbeit bei Erkältungen, Wachstumsstörungen, Schmerzen, Hautausschlägen und vielem mehr. Genauso helfen sie den Kindern aber auch in der Trotzphase, bei Weinerlichkeit, Angst, schlechten Selbstwertgefühl usw.

Es lohnt sich sicher, die Schüssler Salze in einer kleinen Notfallapotheke zu Hause zu haben. Da es sich um 12 verschiedene Salze handelt, sind diese auch noch übersichtlich in der Handhabung und schmecken den meisten Kindern auch sehr gut. Sie können diese einfach lutschen, und so kann der Wirkstoff über die Mundschleimhaut aufgenommen werden. Mann kann sie aber auch im Wasser auflösen und schluckweise trinken. Bitte immer nur mit Holz- oder Plastiklöffel umrühren, nie mit Metall!

Wiedergeburt

Für mich ist es keine Frage, dass es die Wiedergeburt gibt, sie ist in meiner Arbeit, in meinem Glauben fest verankert. Viele Bücher gehen auf die Wiedergeburt ein, „beweisen" diese sogar. Es ist auf jeden Fall ein sehr spannendes Gebiet.

Es gibt viele psychische Verhaltensweisen, die ein Kind zeigt, die man mit seinem bisherigen Leben gar nicht erklären kann, z.B. extreme Angst vor Schlangen, Gewittern, oder grosse Vertrautheit oder Freude an gewissen Tieren, Menschen oder Verbundenheit mit Orten. Mein Sohn liebt es, in Kirchen zu gehen, ganz selbstverständlich kniet er dort nieder und betet. Dies hat mich erst etwas befremdet, da ich eher eine gewisse Abneigung gegen Kirchen hatte, da ich darin so viel andere Energien spüre, die nichts mit Liebe zu tun haben. Yannick lehrte mich wieder, auch die schöne Energie der Kirche zu spüren und mit meiner Abneigung, die sicher aus früheren Leben stammt, Frieden zu schliessen. Bei Besichtigungen von Klöstern geht er ganz automatisch im Kreuzgang herum, schliesst die Augen und legt die Hände aneinander.

Es ist nicht nötig in vorherigen Leben nach Details zu forschen, ich bezeichne dies immer als Reinkarnations-Tourismus. Ich finde es aber von Nutzen, uns mit einem vergangenem Leben auseinander zu setzen, wenn wir so ein Problem im Jetzt besser verstehen können und die Vergangenheit so verarbeiten und loslassen können.
Die grosse Kunst ist es ja, im Jetzt alle Gaben zu leben, die wir uns angeeignet haben in vielen Leben. Viele dieser Gaben sind aber verschüttet unter den schlimmen Erinnerungen, die wir an frühere Leben haben. Ziemlich sicher haben wir in vergangen Leben unsere Macht missbraucht, oder haben unsere Gaben gelebt und wurden dann dafür gefoltert oder ev. sogar getötet.

Yannick hatte als Zweijähriger enorm grosse Angst, bei jedem Ast auf der Strasse fing er an zu schreien: „Schlange, Schlange“ und war ganz aufgelöst. Ich behandelte dies mit Bachblüten, da aber keine Besserung eintraf und er im Zoo die Schlangen nicht einmal ansehen konnte, bat ich die geistige Welt, mir zu zeigen, was ich hier tun kann. Ich sah meinen Sohn als Junge in Indien, der von einer Giftschlange in die Wade gebissen wurde und daran starb. Mehr sah ich nicht, keine Details zu seinem Leben, sondern eben nur diese Szene um die es ging. Danach hab ich gleich seine Wade angesehen und fand an der Stelle zwei kleine Muttermale. Nebenbei, ich finde heute nur noch ein Muttermal an dieser Stelle, ob ich damals aus Versehen zwei sah? Ich weiss es nicht. Tatsache ist, das Yannick danach nie mehr Angst vor Schlangen hatte, sich sogar Bücher über Schlangen aussuchte. Zufall, klar das ist möglich. Es ist mir aber egal, ich will nichts beweisen, ich freue mich über den Erfolg und frag mich gar nicht, war es diese Erinnerung an eine vorheriges Leben, oder waren es doch die Bachblüten, oder vielleicht ganz was anderes.

Bei meiner Tochter Gioia, hatte ich nie das Gefühl, etwas in einem vorherigen Leben auflösen zu müssen, wir konnten und können alles immer im Jetzt anpacken.

Ich denke das Wissen um die Wiedergeburt, oder zumindest der Moglichkeit davon ist wichtig, aber nicht zwingend. Meine Kinder machten, als sie kleiner waren, so Aussagen wie: Als ich gross und du klein warst, da durfte ich bestimmen. Oder das nächste Mal bin ich dann aber wieder gross und du klein.

Yannick sagte mir einmal, „Weißt du, wenn ich sterbe, komme ich nicht wieder, ich fliege lieber durch die Luft, dort ist es viel schöner".

Beide Kinder machten oft Aussagen, wie: „Ich will wieder in den Himmel, dort ist es viel schöner." Besonders nach dem Tod ihres Opas wollte Gioia immer zu ihm gehen. Ich erklärte ihr, dass dies nicht geht. Sie sagte ganz cool: „Aber sicher Mami, wir können uns einfach alle tot machen und dann sind wir wieder mit Opa zusammen."
Ich erklärte ihr dann, das wir doch hier sind um eine Aufgabe zu erfüllen und dass wir diese noch nicht erfüllt haben. Dies verstand sie zwar, aber sie ist auch heute, ein Jahr nach dem Tod meines Vaters noch nicht ganz überzeugt davon, ob es nicht doch schöner wäre, beim Opa zu sein.

Die Wiedergeburt ist Thema vieler Bücher und es ist ein spannender Bereich. In diesen Büchern gibt es auch „Beweise" für die Wiedergeburt und viele sind ganz versessen darauf, solche Beweise von der geistigen Welt zu erhalten. Mir ist dies nicht wichtig, mir reicht zu wissen, was die Essenz aus diesem Leben war, was ich vielleicht noch nicht verstanden habe, was ich vielleicht noch integrieren sollte.

Mir und vielen Menschen, die ich kenne, hat es geholfen, sich besser im Hier und Jetzt zurechtzufinden, und das ist, was wirklich zählt, oder was meinen Sie?

Geistige Welt

Engel

Nach meiner Sicht der Dinge begleiten uns Engel und Meister unser gesamtes Leben lang, ob wir diese nun bewusst wahrnehmen oder nicht, spielt dabei keine Rolle. Sie sind da.

Die Engel sind sehr liebevolle Lichtwesen mit unumstösslichem Urvertrauen. Ich liebe die Engel und schätze ihren Rat sehr. Bisweilen finde ich aber, dass sie uns und unsere Probleme als Menschen nicht ganz nachvollziehen können. Sie haben ja so recht mit ihren Ratschlägen wie: Lass deine Probleme einfach los und übergib sie uns, lebe die bedingungslose Liebe, vertraue, es wird alles gut. Aber wie setze ich das um, wenn ich verzweifelt bin, wenn ich nicht mehr weiter weiss?

Die Worte der Engel heilen uns, da es eben nicht nur Worte sind. Sie senden uns mit diesen Worten die Schwingung des Vertrauens, der Liebe und der Hoffnung. Vielleicht sagen uns die Worte, nur mit dem Verstand erfassen wir nicht all zu viel, aber in unserem Herzen spüren wir sofort die Wärme und Liebe, und eine neue Hoffnung erwacht in uns.

Wenn Engel sagen, übergib uns das Problem, so heisst es nicht, dass sie es für uns lösen, nur dass sie die Last des Problems tragen. Wir sollen uns auf die Lösung des Problems konzentrieren und nicht unsere Gedanken unaufhörlich um das Problem kreisen lassen. Wenn wir also z.B. arbeitslos sind, sollen wir uns auf die Arbeitssuche konzentrieren und nicht mit dem Schicksal hadern. Die Frage: „Warum ich?“, sollten wir aus unseren Gedanken streichen, sie hilft uns nicht weiter. Nehmen Sie jedes Problem als eine Herausforderung wahr, welche Sie bewältigen können. Verharren Sie nicht in der Vergangenheit, finden Sie ins Jetzt, denn im Jetzt liegt der Schlüssel zu Ihrer Zukunft.

Wenn ein Mensch oder ein Tier krank ist, bitte ich Erzengel Raphael um Hilfe, bitte ihn, mit seiner Energie zu heilen. Ich nehme ihn dann oft wahr, wie er die Flügel um den kranken Menschen oder das Kranke Tier legt und sie mit grünem Licht umfängt. Das heisst nicht, dass ich nicht auch meinen Teil erledigen soll und den Kranken mit Homöopathie, Schüssler

Salzen, Spagyrik usw. auch unterstütze. Ich bitte die Engel nur um zusätzliche Unterstützung. Besonders wenn meine Kinder in der Nacht husten, bitte ich Erzengel Raphael um Hilfe, meist können die Kinder nach einigen Minuten ruhig weiter schlafen.

Wenn ich spüre, dass ich mich von einer Person, oder einem Problem nicht richtig distanzieren kann, dann bitte ich Erzengel Michael um Hilfe. Er zerschneidet dann mit seinem blauen Schwert die Verbindung, die mich noch mit dem Menschen, der Situation oder dem Problem verbindet. Er durchtrennt niemals die Liebe, die man für jemanden empfindet. Er durchtrennt Schnüre, die entstanden sind aus Angst, Selbstvorwurf, Verpflichtung, Wut usw. Dies sind keine Gefühle, die uns nützen, sie behindern uns nur, schränken uns in unserer freien Denken und Handeln ein.

Die Hilfe aus der geistigen Welt löst mein irdisches Problem nicht sofort, es hilft nur, die energetischen Verstrickungen zu lösen, und dadurch fällt es mir dann leichter, dies auch in der materiellen Welt zu tun. Beispielsweise rufen Sie ihre Mutter nur an, weil es wieder einmal Zeit wird, sich zu melden und nicht weil

Sie es wirklich wollen. Es ist nur eine Verpflichtung, die Sie erfüllen müssen. Dies tun Sie aus Pflichtbewusstsein, vielleicht auch aus Schuldgefühlen heraus, aber das hat mit Liebe nicht mehr viel zu tun. Erzengel Michael durchtrennt nun also diese energetische Verbindung und gibt Ihnen dadurch die Möglichkeit sich mit Ihren Gefühlen auseinander zu setzen, warum kann ich meine Mutter nicht einfach anrufen, weil ich gerne wieder ihre Stimme hören und wissen möchte, wie es ihr geht? Was kann ich für mich auflösen, was muss ich für mich in Ordnung bringen?

Sie dürfen die Engel um alles bitten, sie freuen sich darüber. Engel greifen in ihr Leben nur ein, wenn Sie sie darum bitten. Ausser die Schutzengel, diese greifen ein, wenn eine Situation zu gefährlich wird und nicht unserem Lebensplan entspricht.

Sie können für alles einen Engel zur Hilfe bitten. Engel hilf mir, die Schlüssel zu suchen, die ich verlegt habe, Engel hilf mir, einen Parkplatz zu finden, Engel hilf mir, mich gesund zu ernähren, Engel hilf mir, meinem Kind gerecht zu werden usw.

Was Sie nun noch tun müssen, ist hinzuhören, hinzusehen und hinzufühlen. Die Engel werden Ihnen Impulse senden, folgen Sie diesen. Diese Impulse können ein Blitzgedanke sein, wo der Schlüssel liegt, oder Sie gehen ganz automatisch zu einer Schublade und dort liegt er dann. Wenn wir aber nicht auf diese Impulse hören, denn da kann der Schlüssel ja nun unmöglich sein, dann kann uns auch kein Engel helfen. Wir müssen einfach unserer Eingebung folgen, wenn wir wirklich die Hilfe der Engel möchten, und unseren Teil dazu tun.

Aufgestiegene Meister

Die aufgestiegenen Meister sind Lichtwesen, die nach einem oder mehreren Leben aufgestiegen sind, also nicht mehr wiedergeboren werden, sondern uns Menschen nun helfen, unser Leben zu meistern, wie sie es getan haben. Sie wissen um die Herausforderungen, die wir als Menschen zu meistern haben, und können uns hier konkret unterstützen. Auch sie arbeiten mit Energie, mit Licht und Liebe. Wenn man mit Engeln und Meistern arbeitet, ist es sicher von Vorteil, wenn man gut visualisieren kann, sich vorstellen kann, wie man mit Licht durchflutet wird oder wie einem eine Last abgenommen wird.

Die Fantasiereisen in die geistige Welt, nimmt vielleicht nicht jeder ernst oder sieht sie einfach als Tagträumerei an. Dies ist in Ordnung. Aus meiner Sicht helfen sie uns aber, Probleme zu erkennen und sie zu lösen. Aber diese Erfahrung muss wohl jeder selber machen. Auf jeden Fall ist es sehr entspannend und oft überraschend, was wir während einer Reise so erfahren können. Es kann ein neues Licht auf eine Situation werfen oder zeigt einem neue Möglichkeiten zur Lösung auf.

Wenn man beginnt, bewusst mit Engeln und Meistern zu arbeiten, erfährt man erst einmal sehr viel über sich selbst, man lernt sich noch viel besser kennen, und das alleine ist es schon wert. Es bedeutet aber auch, seinen eigenen Gefühlen wirklich auf den Grund zu gehen. Dies ist manchmal schmerzhaft und sicher auch anstrengenden als den anderen Schuld an seinen Problemen zu geben. Es hilft uns auch andere Menschen, andere Wesen besser zu verstehen, nimmt uns die Angst vor dem Unbekannten und gibt uns ein Gefühl des Begleitet- und Verstandenwerdens. Dies macht uns sicherer in unserem eigenen Sein, gibt uns

Kraft und Energie, unsere Ideen auch umzusetzen, unsere eigene Wahrheit zu leben. Durch das Zurückkommen zu uns selbst, indem wir nicht mehr aussen sondern in unserem Inneren nach der Ursache und der Lösung eines Problems suchen, finden wir unsere eigene Kraft, lernen unser Leben wirklich zu meistern. Wir erkennen, dass alles aus uns selbst kommt und wir das Aussen mehr beeinflussen können, als das Aussen uns.

Dass ich Engel an der Seite der Kinder wahrnehme, erstaunt kaum einen Elternteil, bei den aufgestiegenen Meistern schon eher. Für mich ist es klar, dass die Kinder geführt werden und auch Licht-Meister an ihrer Seite haben, die ihr geistiges Wissen fördern und schulen. Auch die geistige Welt übernimmt hier ihre Verantwortung. Sie sind schliesslich auch Kinder des Lichts.

Sanat Kumara

“Lieber Mensch, zur Zeit steht dir meine Kraft zur Verfügung, diese ermöglicht es dir, Brücken zu schlagen zwischen deinem Ich und deinem inneren Kind. Nicht mehr getrennt sollt ihr beiden wirken, sondern als EINS. Es ist Zeit, dass deine innere Stimme mehr Gewicht

bekommt. Dein Ego handelt nicht zu deinem Nutzen, es mag dir dies wohl vorgaukeln, aber dem ist nicht so. Auf die Stimme deines inneren Kindes kannst du dich verlassen. Sie zeigt dir den Weg der Weisheit, des Friedens, dem Einklang mit allem. Vertraue ihr bedingungslos. Du fragst dich, wie Du die Stimme des Egos und der des inneren Kindes unterscheiden kannst? Die Schwingung ist nicht dieselbe. Das Ego ist schwer, seine Stimme gibt einem das Gefühl der Schwere. Hingegen dein inneres Kind, seine Stimme gleicht feinem Glockengesang, erhöht deine Schwingungen und lässt dich sich leicht und wohl fühlen. Das scheint dir zu wenig konkret? Was willst du mehr, vertraust du deinem Gefühl nicht? Lerne zu unterscheiden, dies ist wichtig für deine Entwicklung. Zweifle nicht an deinen Fähigkeiten, sonst zweifelst du an uns. Bald werden dir deine Kräfte bewusst werden, der Kanal der Liebe geöffnet werden. Vertraue, und alles wird gut.

In Liebe dein treuer Meister Sanat Kumara"

Naturgeister

Vielen Menschen fällt es ganz leicht, an Engel zu glauben, sie haben einen gewissen Stellenwert in der Gesellschaft. Wenn ich sage, dass ich an Engel glaube, sieht mich kaum jemand schief an. Beginne ich aber, von Naturgeistern und anderen Naturwesen wie Einhörner und Drachen zu erzählen, dann ernte ich doch so manchen schrägen Blick. Macht aber nichts. Ich brauche nicht die Bestätigung von anderen dafür, ich weiss es ja. Naturgeister gehören zum Leben von meinen Kindern und von mir. Mein Mann ist da allerdings auch noch nicht so ganz überzeugt. Witzig ist aber schon, dass man die Naturgeister in allen Kulturen und überall auf der Welt kennt, nicht?

Naturgeister:

“*Wir sind so zahlreich, dass es an ein Wunder grenzt, wie wenig ihr uns wahrnehmt. Leben wir doch in euren Häusern, Gärten, Wäldern, Wiesen und Bächen. Lange leben wir jetzt schon nebeneinander her, ohne uns gross umeinander zu kümmern. Das war mal anders. Einst waren wir eng verbunden, tauschten Wissen aus und unterstützten uns gegenseitig. Die Zeit ist gekommen, wo ihr eure Wahrnehmungen wieder vertieft und wieder mit uns zusammen arbeitet zum Wohle aller.* „

Den Kontakt zu den Naturgeistern bekam ich über die Tierkommunikation, weil ich immer wieder wahrnahm, dass Tiere oft Naturgeister an ihrer Seite haben.

In der Zwischenzeit nehme ich sie überall wahr, in der Natur genauso wie in Häusern. Ich kann mir ein Leben ohne diese wunderbaren Wesen gar nicht mehr vorstellen. Sie schenken mir ihr Wissen über Heilsteine, Pflanzen und lehrten mich auch wieder, Rituale zu schätzen.

Als ich das erste Ritual ausprobierte, habe ich mich in einen Steinkreis gesetzt, geräuchert und das alles auf mich wirken lassen. Es kam mir total schräg rein, es war nicht meine Art Ritual, ich hatte es aus einem Buch und es erinnerte mich wohl unangenehm an ein früheres Leben. Heute habe ich meine Art Rituale gefunden. Es sind sehr einfache, nicht spektakuläre und schon gar nicht unheimliche Rituale. Ich ziehe nur gerne und bewusst Karten, deren Energien mich einfach den Tag über begleiten sollen. Oder ich zünde Räucherstäbchen an und danke dabei all meinen Helfern. Manchmal schreibe ich auch

Gedanken auf, die ich nicht mehr brauche, und verbrenne den Zettel dann.

Rituale waren und sind auch heute noch ein Bestandteil unseres Lebens, wir nehmen diese nur nicht mehr als solche wahr. Wir schenken Blumen zur Geburt, wir legen Blumen aufs Grab, wir entzünden Kerzen an Geburtstagen oder zünden welche in der Kirche an. Wir feiern Feste, die stark auf Ritualen wurzeln. Rituale gehören auch heute noch in unsere Gesellschaft, nur werden sie leider nicht mehr bewusst ausgeführt und verlieren so einen Teil ihrer Kraft und Bedeutung.

Für „unsere" Naturgeister haben wir schon mehrere Kobold- und Elfenhäuser gebaut und sind überzeugt, sie freuen sich darüber. Wir geben ihnen dadurch eine Präsenz in unserem Leben, laden sie ein, daran teilzuhaben, es zu bereichern.

Ich bitte nicht nur Erzengel Raphael um Hilfe bei kranken Tieren, sondern genauso die Naturgeister, weil ich überzeugt bin, dass sie den Tieren helfen, wo sie nur können.

Auch die Erde ist für mich ein Wesen und ich kommuniziere häufig mit ihr. Ich liebe die

Energie der Erde und der Naturgeister, sie ist anders als die der Engel, welche sehr hochschwingend ist. Sie ist eben irdischer, fassbarer und manchmal auch etwas verständlicher und einfacher umsetzbar.

Für mich ist alles in der Natur belebt, und so nehme ich alles auch als beseelt wahr. Die Erde schenkt mir viel Kraft, ihre Wunder erstaunen mich immer wieder, schenken mir Hoffnung und stärken mein Vertrauen.

Mutter Erde

"Ihr seid alle meine Kinder, ich liebe euch, ich kann gar nicht anders. Ihr fügt mir und meinen Kreaturen immer wieder Leid zu, doch schadet ihr damit am meisten euch selbst. Wie eine Mutter liebe ich euch, was auch immer ihr tut. Aber seid euch bewusst, die Schmerzen, die ihr mir zufügt, die fügt ihr euch zu. Lernt doch wieder, mit euch selbst in Harmonie zu leben. Ich meine wirklich mit euch selbst, wenn ihr das könnt, übt euch darin, in Harmonie mit euren Mitmenschen, der Natur, einfach allem was ist, zu leben. Ihr werdet sehen, alles wird schöner werden.

Es gibt heute noch Völker, die sich bemühen, in Harmonie mit allem zu leben, ihr belächelt sie, dabei sind sie euch weit überlegen. Aber selbst diese Völker haben viel vergessen. Darum bitte ich euch, erinnert euch eurer Wurzeln. Nichts ist getrennt vom anderen, nichts kann ohne das andere existieren, am wenigsten der Mensch."

Kraftorte sind starke Energiezentren und wir können unseren persönlichen Kraftort einfach überall finden. Alles, was er mitbringen muss, ist, das er uns gefällt, dass Sie dort gerne eine Weile verweilen, ihren Gedanken ziehen lassen, er Ihnen Ruhe bringt. Das kann der eigene Garten sein, ein Platz im Wald, an einem See, auf einem Berg oder in einer Kirche. Kinder finden diese Orte problemlos und ganz selbstverständlich, für sie ist er dann einfach schön. Sie fühlen sich dort wohl.

Ob Sie nun an Naturgeister glauben oder nicht, ist Ihre persönliche Entscheidung. Kinder lieben diese Wesen meist und haben sehr leichten Zugang zu ihnen. Sie sehen sie als Lichter, oder einige Kinder können sogar die Kleider ganz genau beschreiben. Sollen wir ihnen das nehmen?

Ich hatte einmal ein etwa 10-jähriges Mädchen an einem meiner Kurse, das ganz still war. Ich erzählte dann davon, dass ich Einhörner sehe und dass das für mich normal ist. In der Pause kam das Mädchen zu mir und sagte: „Ich bin so froh, dass du auch Einhörner siehst, ich dachte schon, ich sei nicht normal, weil die sonst niemand sieht." Die Mutter bestätigte mir später, dass ihre Tochter nun viel selbstbewusster ist und vieles leichter nimmt.

Einhorn

"Wir Einhörner leben schon lange auf dieser Welt, einst Sichtbar für viele, heute nur noch für wenige. Wir wurden als Teufelswerkzeug bezeichnet, verfolgt, missachtet. So zogen wir es vor, uns in eine höhere Schwingung zu flüchten. So sind wir wohl noch an eurer Seite, aber im Verborgenen. Immer mehr Menschen nehmen uns wieder wahr, holen uns aus der Welt der Fabelwesen, wieder in die wirkliche Welt. Habt ihr euch schon überlegt, wieso es in so vielen Kulturen Wesen wie uns gibt? Hatten alle Menschen die gleiche Fantasie, oder sind wir doch wirklich?
Einige von euch glauben wohl an Elfen und Kobolde, aber an Fabelwesen, das geht dann

doch zu weit. Und schon beginnt ihr wieder zu trennen, zwischen wirklich und unwirklich. Merkt ihr das?

Seid offen für alles, einfach alles. Nur so seid ihr offen für andere Welten, andere Wirklichkeiten. Löst die Grenzen eures Denkens auf. Nur s, seid ihr bereit, den nächsten Schritt zu tun. Den Schritt zu einer Welt voll Harmonie. Wir waren immer da und wir werden immer da sein. Wir wünschen uns sehr, wieder mit euch zu leben, zu arbeiten und zu heilen. Halte die Augen offen, vielleicht siehst du mich früher als erwartet, ob ihm Traum oder in Gedanken, beides ist viel realer als du denkst. In diesem Sinne bis bald!"

Kommunikation mit der geistigen Welt

Telepathische Kommunikation

Wenn ich erkläre soll, wie telepathische Kommunikation möglich ist, komme ich in Erklärungsnot. Wie soll ich etwas in Worte fassen, was für mich so sehr mit Gefühl und Energie zu tun hat? Trotzdem versuche ich es.
Die telepathische Sprache ist älter als das gesprochene Wort, jedes Wesen kommuniziert bewusst oder unbewusst auf telepathische Weise. Bevor das Wort war, war das Gefühl, ein Bild oder eben einfach ein Gedanke, den du dann erst in Form von Worten wiedergibst. Wir verbinden mit Wörtern also Gefühle, Bilder, Gedanken.
Durch die Sprache wurde die telepathische Kommunikation in den Hintergrund gedrängt, wir hören beinahe nur noch mit den Ohren, hören nur noch auf die gesprochenen Worte. Worte können aber lügen, die Gefühle und Gedanken dahinter aber nicht. Hatten Sie noch nie das Gefühl, dass jemand nicht meint, was er sagt? Wenn man den wahren Gedanken oder das wahre Gefühl hinter den Worten spüren kann, das ist bereits Telepathie!

Das blinde Vertrauen, das wir teilweise in gesprochene oder geschriebene Worte setzen, erschreckt mich. Worte sind nicht immer ehrlich, Menschen können lügen, ihre Gefühle dahinter sind aber echt. Wenn wir aber die Gefühle der anderen wahrnehmen möchten, müssen wir erst lernen, unsere eigenen Gefühle und Gedanken wahrzunehmen, uns selber besser kennen zu lernen. Wie oft belügen wir uns selbst im Alltag?

Die telepathische Sprache ist eine Sprache des Herzens, wir können sie also nur mit offenem Herzen erlernen. Das bedeutet, sich selber gegenüber ehrlich zu sein, seine eigene Wahrheit zu erkennen. Sich und anderen zu verzeihen und sich nicht hinter Ungerechtigkeiten zu verstecken, sondern sein Leben selbst in die Hand zu nehmen. Seien Sie ehrlich zu sich selbst, dies ist der erste Schritt zu einem offenem Herzen.

Mit Tieren telepathische zu kommunizieren ist ganz einfach, fast jeder Tierhalter tut dies unbewusst. Da es aber so einfach ist, können wir es meist kaum glauben, dass es wirklich funktioniert.

Von Wildtieren bekomme ich vor allem Bilder und Gefühle, mit Haustieren, die nahe mit dem Menschen leben, kann ich richtige Gespräche führen. Ich rede mit der Seele, nehme das Tier aber immer auch als Tier wahr. Ein Hund bleibt ein Hund, mit dem Verhalten und den Bedürfnissen eines Hundes, egal wie weit entwickelt seine Seele sein mag. Um dies zu erklären: ein Hund kann auf der Seelenebene ganz klar äussern, das er nicht jagen will, sein genetisches Gefäss wird aber seinem Instinkt folgen und hinter einer Katze her rennen. Aber auch ein Hund kann lernen, seine Instinkte zu lenken, indem wir ihn als Ganzes Wesen wahrnehmen, seine Seele anerkennen, aber auch seinen Körper schulen (Erziehung!), bieten wir ihm die Möglichkeit, sein ganzes Potenzial zu leben. Dies ist wohl das schönste Geschenk, dass wir unseren Tieren machen können, sie als Ganzes wahrzunehmen, sie nicht zu vermenschlichen, aber auch nicht unter uns zu stellen. Sie sind anders als wir, aber gleich wertvoll.

Der erste Schritt zur telepathischen Kommunikation mit Wesen ist die Wertschätzung des anderen. Ohne diese Wertschätzung wird eine Kommunikation kaum möglich sein.

Ich bin der Meinung, wenn man mit Tieren reden kann, kann man auch mit allen anderen Wesen Kontakt aufnehmen, dieser Meinung sind aber nicht alle. In meiner Arbeit habe ich noch nie andere Erfahrungen gemacht, das ist was ich dazu sagen kann.

Die telepathische Kommunikation funktioniert natürlich auch schon mit dem Kind im Mutterleib. Spannend ist immer wieder, wie Eltern wissen, ob da nun ein Junge oder ein Mädchen auf die Welt kommen möchte. Oder hatten Sie auch einen Lieblingsnamen, genauso sollte ihr Kind heissen? Den hatte ich auch, musste ihn aber ändern, da er nicht zu der Energie meines Kindes passte.

Auch die Bedürfnisse des Säuglings nehmen wir meist intuitiv wahr, dies solange wir nicht zu verunsichert sind in unserem neuen Elterndasein. Da greifen wir halt dann etwas öfters zum Telefon und Fragen andere Mütter und Väter, oder den Arzt, die Hebamme. Das ist ja auch in Ordnung, habe ich auch gemacht. Sich hier nur auf die Intuition zu verlassen, getraut man sich beim ersten Kind kaum. Beim zweiten Kind wird man dann schon sicherer. Aber stellen Sie den Rat anderer nicht über ihr eigenes Gefühl. Wenn Sie spüren, dass ihr Kind Wärme und Nähe braucht, dann geben Sie ihm diese. Lassen Sie ihr Kind nicht schreien, weil jemand ihnen erzählte, man soll es schreien lassen, sondern tun Sie es, wenn es für Sie stimmt. Ich kann mich an zwei Teilnehmer meiner Seminare erinnern, die sich mit ihren über vierzig Jahren nicht wirklich geliebt fühlten und denen das Urvertrauen fehlt. Bei einer Reise in die geistige Welt (Meditation) sahen sie sich als Baby weinen, stundenlang und fühlten sich verlassen und hilflos.

Es kann nicht stimmen, dass man Kinder weinen lassen soll, es macht doch keinen Sinn. In unserer frühen Geschichte wäre es der Tod des Kindes gewesen, ein Raubtier hätte es so finden können und es wäre ihm hilflos ausgeliefert gewesen. Eine Mutter hätte es beruhigt, da bin ich mir sicher, da sie sonst das Kind und sich in Gefahr gebracht hätte. Wenn schon immer die Rede von unseren Anlagen ist, Männer „müssen“ ja rein von unserer Vorgeschichte her ihren Samen möglichst breit verstreuen, dann nehme ich dies auch als wissenschaftlich erwiesen an, dass man Kinder nicht schreien lassen sollte.

Das heisst nicht, dass es nicht Momente gibt, wo wir das tun. Auch meine Kinder mussten als Baby weinen, ohne dass ich gleich angesprungen kam. Ab und zu erlaubte ich mir auch den Luxus einer Dusche und war halt mal einige Minuten nicht sofort zur Stelle. Das löst sicher kein Trauma aus. Aber wenn ich dann Mütter von heute höre, die die Kinder tatsächlich in ihren Betten schreien lassen und einfach die Türe zu machen, dann fühlt sich das für mich nicht gut an. Ich rede ihr ausdrücklich von Babies, ich lasse meine Kinder ihren Trotz schon auch einmal alleine ausweinen, sie wollen mich dann gar nicht in ihrer Nähe und auch das akzeptiere ich. Spüren Sie ihr Kind, was braucht es? Was können Sie tun, um es am besten zu unterstützen?
Ratgeber sind toll, schön dass es sie gibt, aber sie ersetzen niemals die Wahrnehmung einer Mutter oder eines Vaters.

Ich persönlich merke einen Unterschied in der Energie, wenn ich mit einem Tier, Naturgeist, Engel oder einem anderen Wesen spreche. Diesen Unterschied zu beschreiben ist mir aber so nicht möglich, d.h. ich kann es so versuchen, die Energie ist feiner, höher schwingend wenn ich mit Engel rede - dies ist aber keine Wertung, sondern einfach eine Wahrnehmung von mir - und irdischer, erdiger, wenn ich mich mit Naturgeistern oder der Mutter Erde verbinde.

Ich beginne eine telepathische Kommunikation immer, indem ich mich auf das Wesen einstimme, mich einfühle. Es ist eine Verbindung die ich aufnehme, wo ich zu einem Teil mit dem Wesen verschmelze, manchmal mehr, manchmal weniger. Dies ist besonders spannend zu beobachten, wenn ich aufschreibe, was ich erhalte. Während ich am Schreiben bin, ist alles absolut logisch, ich verstehe genau, was ich da schreibe, als wären es meine Worte, meine Gefühle. Wenn ich dann die Verbindung löse und das Geschriebene durchlese, entdecke ich ganz verblüffende Aussagen. Merkwürdige Satzstellung oder Wortwahl, so als hätte ich es gar nicht geschrieben.

Die telepathische Kommunikation kann jeder erlernen, da sie zu unserem Potenzial gehört. Manche verlieren die Sprache des Herzens nie, andere müssen sie vielleicht wieder erlernen. Aber sie ist ein Teil des menschlichen Wesens.

Wir begrenzen uns selber mit unserem Denken. Niemand sagt, wir sollen unseren Kopf

abstellen, es ist wichtig selber zu denken, sich seine eigene Meinung zu bilden.
Für die telepathische Kommunikation bitte ich Sie ja nur, einem Moment lang mehr auf ihr Herz, ihr Gefühl zu hören. Danach können Sie mit ihrem Kopf analysieren, was sie da gehört und gefühlt haben, kritisch sein, alles hinterfragen. Aber während des Gesprächs bleiben Sie offen, nehmen erst mal alles an, ohne zu werten, die Energie einfach fliessen lassen.

Mediale Beratung

Das Ziel einer medialen Beratung ist, Hilfe aus der spirituellen/geistigen Welt zur aktuellen Lebenssituation zu bekommen, welche Ihnen helfen kann, Ihr Leben wieder freier zu gestalten. Eine mediale Beratung kann helfen Ihr Kind, sich selber, oder eine Situation besser zu verstehen. Dabei vermittelt eine mediale Beraterin zwischen Ihnen und der spirituellen Welt, also Engeln und Meistern oder Ihrem Höheren Selbst. Neben den Antworten, die Sie erhalten, sind die Energien, welche während so einer Beratung fliessen, von grosser Bedeutung. Die Worte sollten Sie auch emotional berühren, Ihnen das Gefühl geben, verstanden zu werden und sich für Sie wahr anfühlen.

Sie bekommen von der geistigen Welt keine Anweisung, wie Sie sich zu entscheiden haben, aber Sie kriegen eine Hilfestellung. Es ist an Ihnen, ob Sie diese Hilfestellung annehmen und vor allem auch umsetzen. Sie selbst sind verantwortlich für ihr Leben, niemand sonst. Sie müssen Ihren Weg gehen.

Auch ihre Zukunft gestalten Sie selbst, die Engel können hier einfach eine Tendenz bzw. Möglichkeiten aufzeigen, Sie wählen aber mit Ihrem freien Willen, welchen Weg Sie gehen möchten. Engel sagen Ihnen nie, was Sie zu tun oder zu lassen haben. Sie treffen die Entscheidungen. Die Engel zeigen Ihnen vielleicht auf, was diese oder jene Entscheidung bewirken könnte, aber eine absolute Gewissheit bekommen Sie auch von den Engeln nicht. Nur das Leben schenkt Ihnen die Antworten auf ihre Fragen in dem Sie selber handeln.

Diesen Satz habe ich kürzlich gelesen und er passt sehr gut zu meiner Arbeit:

Ich bin verantwortlich für das was ich sage,

nicht für das, was du verstehst.

Manchmal kann ich die Zukunft erahnen, aber mehr ist es auch nicht. Wir gestalten unser Jetzt und dieses gestaltet unsere Zukunft. Verändern wir also unser Jetzt, so verändern wir unsere Zukunft und ich glaube sogar daran, dass wir im Jetzt unsere Vergangenheit ändern können. Zumindest die Sicht auf unsere Vergangenheit.

Was die Zukunft betrifft, können nicht mal die Engel eine endgültige Antwort geben. Für mich steht der freie Wille über allem. Es ist unsere Wahl, was wir aus unserem Leben und den Herausforderungen des Lebens machen, ob unser Glas halb voll oder halb leer ist.

Wir können uns über einen Blechschaden an unserem Auto wochenlang aufregen, was sicher unserem Magengeschwür sehr gut tut. Oder wir können uns darüber freuen, dass nichts Schlimmeres passiert ist, keine Menschen oder Tiere verletzt wurden. Es ist alles eine Einstellungssache.

Wir können vielleicht nicht jeden Umstand in unserem Leben verändern, aber wir können unsere Sicht der Dinge verändern. Sie werden staunen, dies verändert ihr Leben wirklich!

Mitteilungen aus der geistigen Welt

Hier finden Sie einige Botschaften, die ich von der geistigen Welt erhielt. Vielleicht spricht die eine oder andere Sie an. Nehmen Sie sich daraus einfach, was für Sie stimmt, für Sie von Bedeutung ist.

Engel und Meister

Erzengel Michael:

"Hallo ihr lieben Lichtarbeiter, noch seid ihr euch eurer Aufgabe kaum bewusst. Doch schnell werdet ihr merken, dass es nicht eure Bestimmung ist, im Abseits zu leuchten. Verbreitet Euer Licht unter den Menschen, erweckt deren Herzen für die Nächstenliebe. Ein Wandel muss geschehen, soll die Erde noch überdauern. Es ist Zeit zur Rückkehr, sich zu besinnen auf die wahre Bestimmung von euch Menschen. Wie falsch legtet ihr die Worte:

„ Macht Euch die Erde untertan“ aus. Ihr sollt das Leben auf der Erde und die Erde selbst schützen, sie wahren. Wieso seid ihr von eurem Weg abgekommen? Wie viel Leid habt ihr der Erde und ihren Lebewesen angetan. Es ist Zeit dies zu bereinigen. Ihr hier, habt die Macht dazu. Ihr zweifelt? Tut dies nicht, ihr seid die Hoffnung, die Quelle für die neue Zeit.

Euer Michael“

Naturgeister

Abraxas:

„Die Kinder des Lichts haben ihre Schatten angenommen, deshalb können sie im Licht erstrahlen und fürchten die Schatten nicht mehr. Der Schatten ist nur der Spiegel des Lichts.

Genau wie die Kinder des Lichts ihre Schatten angenommen haben, so versuchen sie auch die Schatten des Lebens zu erhellen. Dies braucht so viel Kraft und oft überfordern sich die Kinder dabei.

Lehrt die Kinder behutsam vorzugehen. Sie sollen nicht gleich die ganze Welt erhellen. Macht selber mit und beginnt innerhalb der Familie damit, den Schatten im Licht aufzunehmen. Weitet dies aus auf Nachbarschaft, Kindergarten, Schule, im Beruf usw. Integriert das Licht und den Schatten in euer Leben und der Schatten wird sich auflösen.

Ich weiss, wovon ich spreche.

In Liebe Abraxas"

Blumen-Elfe Vreneli:

„Das Glück kommt zu den Glücklichen, also sei glücklich!"

Kobold Theodor:

„Das Leben ist eine Aneinanderreihung von Zufällen. Das ist für euch Menschen schwer zu verstehen, da ihr immer glaubt alles zu bestimmen. Natürlich habt ihr immer die Wahl, etwas zu tun oder zu lassen. Aber was auf euch zukommt, das bestimmen andere Mächte.

Denkt nur an die Natur. Ihr versucht immer wieder, sie zu berechnen, zu zähmen und mit welchem Erfolg? Eben. Lernt lieber wieder, mit ihr zu kommunizieren, in Harmonie mit ihr zu leben. Wir können euch den Weg zeigen, wie wir es früher taten und wie es wieder werden soll.“

Anana, Hüterin der Einhörnern und anderer Fabelwesen:

„Die Welt ist so schön, noch viel schöner als ihr es jetzt nur erahnen könnt, denn ihr nehmt nur einen kleinen Teil ihrer wahren Schönheit wahr. Noch trennt ihr die Welt in eine wirkliche und eine unwirkliche Welt. Träumen ist verpönt in eurer Zivilisation. Dabei sind diese Träume der Schlüssel zu der wahren, vollkommenen Welt. Lernt wieder zu träumen und euren Träumen zu vertrauen! Wir warten auf euch, wir lieben euch so.“

Aussagen Erwachsener

Die Aussagen, die Sie in diesem Kapitel finden, stammen von erwachsenen Kindern der neuen Zeit. Vielleicht finden Sie sich wieder, oder es hilft Ihnen besser zu verstehen, was ihr Kind braucht, fühlt und denkt.

Auf die Frage nach besonderen Fähigkeiten haben ich folgende Antworten erhalten:

Alexandra, 28 Jahre:
Ich bin vor allem hellhörig und –fühlig! Ich spüre in Gesprächen mit Menschen oft deren Gefühle und sehe Bilder, von den Geschichten, die sie erzählen, die wie Filme oder Fotoalben vor mir ablaufen!

Sybille, 39 Jahre:
Ich sehe Bilder, wenn ich Energie-Fernbehandlungen mache (Aura, Chakren, Tote in Häusern, etc.) und kann mit ihnen arbeiten, in Kontakt treten und sie irgendwie beeinflussen. Ich spreche mit Tieren, Naturgeistern, aufgestiegenen Meistern, Engeln und Verstorbenen. Ich sehe oft Naturgeister mit offenen Augen, wie bengalisches Feuer, in allen Farben und Grössen. Wenn ich mit jemandem Fremden spreche, bekomme ich irgendwoher

Hinweise und stelle dann „komische“ Fragen, die die Leute verblüffen und in der Tiefe „packen“. Wenn ich eine Reiki-Behandlung mache, spüre ich, welche Chakren einen Knoten oder etwas Ähnliches haben und welche frei sind.

Beatrice:
Ich spüre die Schwingungen von Heilsteinen sehr gut, wenn ich diese in die Hand nehme. Es passiert mir auch häufig, dass ich an eine Person denke, die sich dann darauf bei mir meldet. Und manchmal habe ich Träume, dich sich dann in ähnlicher Form bewahrheiten.

Sibylle; 47 Jahre:
Habe in der Nacht oft das Gefühl, jemand ist bei mir und spricht mit mir. Am Morgen versuche ich das gehörte einzuordnen, was mir dann meist im Laufe des Tages gelingt. Ich spüre auch, wenn etwas innerhalb der Familie passieren wird.

Diese Fähigkeiten sind ja nicht immer nur schön und einfach, sie erschweren uns teilweise auch unser Leben. Durch das Fühlen und sehen von Energien, wird man auch schon mal verunsichert und fühlt sich oft ausgegrenzt.

Alexandra, 28 Jahre:
Als Kind hörte ich immer, dass ich sehr viel Fantasie hätte! Wenn ich heute solcher Erfahrungen oder gerade Träume weitergebe, heisst es immer, ich spinne, sei übergeschnappt! Ich habe sehr gut gelernt, abzuschätzen, mit wem ich darüber sprechen kann.

Karin, 31 Jahre:
Sie irritieren mich teilweise und ich kann sie auch nicht immer annehmen. Wenn ich aber darauf höre, wird vieles einfacher. Seitdem ich meine Gaben aber „lebe“, bin ich ruhiger und fühle mich einfach besser.

Sybille, 39 Jahre:
Ich bin süchtig danach, möchte immer mehr sehen, hören, fühlen – und helfen. Ich bin froh, dass ich andere Leute kenne, die auch so sind. Früher, schon als Kind, fühlte ich mich zwar immer akzeptiert, aber sehr ausgeschlossen, ich fühlte mich immer, dass ich nicht dazugehöre. Auch heute geht es mir noch so, je nachdem, mit wem ich zusammen bin. Es gibt ein paar „verrückte“ Sachen, die ich immer noch mit niemanden zu teilen wage. Ich werde immer empfindlicher auf Lärm, Gedränge,

Energien im Allgemeinen, Strom, Esswaren, Getränke usw. Das ist manchmal mühsam und für andere schwer verständlich.

Markus, 46 Jahre:
Spirituelle Notstände, Träume, Schwierigkeiten, mich zu finden. Heute lebe ich die Spiritualität, und mir geht es gut.

Jennifer, 29 Jahre:
Sie haben mir lange Angst gemacht. Ich habe mich meistens unsicher gefühlt, weil ich ja nicht wusste, ob es normal ist, wenn man besondere Fähigkeiten besitzt.

Aber das schöne ist, dass diese Fähigkeiten unser Leben auch bereichern können.

Alexandra, 28 Jahre:
Die Fähigkeiten helfen mir, Menschen einzuschätzen und meinen Körper und meine Seele zu kennen! Ich fühle im Voraus, was mir bekommt und was nicht! Manchmal kann des sehr anstrengend sein und oft kann ich es aber geniessen, weil ich heute damit umzugehen weiss. Es war ein langer Weg, mich selber und den Umgang mit den Fähigkeiten zu lernen und zu kennen!

Ich habe gelernt, alles und jeden so hinzunehmen und zu akzeptieren wie er ist! Das ist jedoch gerade im Beruf nicht sehr einfach.

Markus, 46 Jahre:
In der Beratung mit Menschen sehe ich manchmal mehr, was dahinter steckt und kann so kongruenter beraten. Das gibt den Menschen Vertrauen mir gegenüber.

Jessica, 24 Jahre:
Sie geben mir Halt, Kraft, Zuversicht und das gute Gefühl, Gutes zu tun. Oft ist es aber auch schwierig, das Handeln von nicht medialen Menschen zu verstehen.

Kharinna, 25 Jahre:
Hellfühlen und hellsehen. Es sind so „Momente", in denen mir jemand gegenübersteht und ich fühlen kann, was gerade sein Thema ist: Ängste, Trauer, Wut, Freude und Liebe. Dann spricht es durch mich los. Meistens weiss ich im Nachhinein nicht mehr alles Gesprochene. Doch für diese Menschen verändert es meistens ihr Leben. Ich zeige alte Muster auf und kann sie zu ihrem Ursprung bringen, zum eigentlichen Thema.

Es ist nicht immer einfach, mehr zu „sehen“ als andere und es kann einen schon mal verunsichern oder sogar Angst machen.

Manuela, 32 Jahre:
Es ist mir einfach manchmal nicht angenehm, da ich mich in der Gesellschaft nicht so bewegen kann, wie ich wirklich empfinde und lebe! Es gibt mir einen gewissen Druck, der einengend sein kann. Ein Nein wird selten akzeptiert. Am meisten Mühe macht mir das Lästern und Kritisieren über andere Menschen.

Sibylle, 47 Jahre:
Es gibt Momente, in denen ich erstaunt bin, was ich spüre und wie es eintrifft. Angst würde ich nicht direkt sagen, mehr überwältigt und erstaunt.

Jessica, 24 Jahre:
Nein, im Gegenteil, ich fühle mich sicherer.

Karen, 27 Jahre:
Ja, es kommt auf die Energien, Situationen drauf an. Ich kann seit ca. 2 Jahren besser damit umgehen. Z.B. wenn ich nicht spüren will, wie es anderen Menschen geht, kann ich mich besser abgrenzen.

Das Einfühlen in andere Menschen ist eine wunderbare Sache, aber auch hier muss man erst einmal lernen damit umzugehen.

Alexandra, 27 Jahre:
Mein Mitgefühl ist sehr stark, es braucht viel Stärke, mich abzugrenzen! Wenn andere erzählen, sehe ich die Geschichten und Erlebnisse in ganzen Filmen vor mir, fühle ihr Befinden! Es ist schwierig, damit umzugehen, wenn ich fühle, dass mir jemand seine Fröhlichkeit nur vorspielt und, wenn ich ihn darauf anspreche, abblockt oder gar verneint.

Beatrice:
Ja, ich bin aber nicht immer bereit dazu.

Sibylle, 47 Jahre:
Ich kann mich sehr gut in andere einfühlen, das erleichtert mir sehr die Arbeit.

Karen, 27 Jahre:
Zu gut, das ist oft sehr anstrengend, denn die Informationen strömen einfach auf mich ein. Es ist dann schwer, wenn ich auch die Lösung eines Problems spüre, es nicht sagen darf oder kann oder der Tipp nicht angenommen wird.

Glauben Sie an Engel, Naturgeister und andere Wesen?

Alexandra, 27 Jahre:
An Engel habe ich lange Zeit nicht geglaubt, bis ich vor einem Jahr meinen Schutzengel kennen lernte! Mit Naturgeistern habe ich, soweit ich mich erinnere, schon Kontakt gehabt! Ich habe mich mit ihnen unterhalten und gespielt! Dran kann ich mich noch gut erinnern. Sie sind mir näher als die Engel und ich habe total Spass an den Naturgeistern.
Neuerdings habe ich ein Einhorn mit einem Jungtier um mich. Es ist faszinierend! Ich kann mich erinnern, wie gerne ich früher solche Wesen hatte, leider traute ich mich als Kind nie, dazu zu stehen.

Beatrice:
Ja! Vor allem die Engel spüre ich manchmal ganz fest und muss dann meistens weinen, ab dieser reinen Energie voll Liebe.

Wie erlebten Sie, rückblickend betrachtet, Ihre Kindheit?
Für feinfühlige Menschen ist es nicht immer leicht, besonders in der Kindheit werden wir sehr oft mit Situationen konfrontiert, die es uns sehr schwer machen uns selber treu zu bleiben.

Da waren wir zu verträumt, zu dickköpfig, konnten keine Regeln befolgen und ecken hier und dort an oder waren zu angepasst.

Auffällige Verhaltensmuster?

Alexandra, 27 Jahre:
Ich habe bis 3 Jahre nicht gesprochen, hatte sehr viele Ohrenprobleme, schwatzte immer überall rein und nahm die schwächeren Kinder immer in Schutz und machte sie zu meinen Freunden.

Manuela, 32 Jahre:
Ich war teilweise sehr jähzornig, konnte manchmal mit Ungerechtigkeiten nicht umgehen. Weil ich manchmal einfach ungerecht wieder ins Zimmer geschickt worden bin, auch wenn ich nichts gemacht habe.

Karin, 31 Jahre:
Ich glaube nicht, war einfach immer sehr still und verschlossen und war am liebsten alleine im Zimmer.

Sybille, 39 Jahre:
Als Primarschülerin hatte ich Zwangsneurosen, aber niemand wusste davon. Ich lebte sehr in meiner eigenen Welt. Ich sprach mit Fliegen in

meinem Zimmer, auch noch als Teenager. Ich zeichnete meine Katze mit langen Locken, Hut oder Krone, einem Umhang und Schmuck. Alle Leute auf meinen Zeichnungen trugen Kronen oder Hüte, immer. Ich war sehr selbstbewusst zu den Lehrern, konnte sie nicht als Autoritätspersonen akzeptieren, schon im Kindergarten nicht, auch andere Erwachsene nicht.

Eilwen, 39 Jahre:
Ich war immer extrem energiegeladen und eine totale Träumerin. Ich bin eigentlich gar nicht hier aufgewachsen, sondern in der Anderswelt.

Markus, 46 Jahre:
Mühe mit Autoritäten, Freiheitsdrang bis zum Schuleschwänzen, Naturverbundenheit.

Jennifer, 29 Jahre:
Ich war eine Einzelgängerin und introvertiert. Konnte mich nie richtig mitteilen. War auch oft in meiner Fantasiewelt und habe mit Wesen gesprochen, die niemand gesehen hat, nicht mal ich. Habe sie mir einfach vorgestellt.

Sibylle, 47 Jahre:
Ich war sehr auf Gerechtigkeit und wollte immer helfen und Gutes tun. War oft in meiner

Traumwelt, führte Selbstgespräche und hatte eine sehr grosse Fantasie.

Salvatorica, 32 Jahre:
War ziemlich rebellisch und konnte sehr aggressiv sein, manchmal auch gegen mich selber. Erinnere mich an Situationen, wo ich mir an den Haaren riss. Manchmal biss ich auch in das Kopfkissen vor Wut.

Bemerkten ihre Eltern etwas „Auffälliges" an Ihnen?

Alexandra, 28 Jahre:
Meine Mutter hat mir mal erzählt, dass ich in der Kirche mal gefragt hätte, was der Pfarrer denn für einen grossen Regenbogen hätte!

Eilwen, 39 Jahre:
Ich konnte mit Kindern nichts anfangen, war immer mit Erwachsenen zusammen.

Markus, 46 Jahre:
Mühe mit Gehorchen, immer wieder über die Stränge geschlagen, alles ausprobiert was verboten war.

Sibylle, 47 Jahre:

Sie sagen, ich solle mich nicht zu sehr für die anderen einsetzen, mehr an mich denken und an mir arbeiten, mich mehr mit Freunden treffen und weniger in der Traumwelt verlieren.

Karen, 27 Jahre:
Ich verzauberte schon in der Wiege die Leute mit meinen grossen blauen Augen. Die Leute fühlten sich immer wohl in meiner Nähe, auch heute noch. Sie bezeichneten mich immer als „anders“ als andere, aber betonten auch immer wieder, dass dies so gut sei.

Kharinna, 25 Jahre:
Meine leibliche Mutter, bei ihr lebte ich bis zum meinen 9. Lebensjahr, erzählte mir, dass ich oft schon wusste, wer anrufen oder vor der Tür stehen wird.

Was hätten Sie sich von den Eltern gewünscht?

Nicht dass unsere Eltern alles falsch gemacht hätten, aber vielleicht hilft es ja uns heute beim Erziehen unserer Kinder zu hören, was sich Erwachsene von ihren Eltern gewünscht hätten.

Alexandra, 28 Jahre:

Vom meinem Vater wünsche ich mir eigentlich noch heute, dass er verständnisvoller wäre, wirklich zuhören würde. Kinder sind kein Übel und man soll sie auch nicht als solches behandeln, nur weil sie anders sind!

Manuela, 32 Jahre:
Mehr Liebe und Zuwendung und dass sie mehr auf meine Bedürfnisse eingegangen wären.

Karin, 31 Jahre:
Ernst genommen zu werden.

Sybille, 39 Jahre:
Dass ich hätte weinen dürfen. Ich habe es erst vor kurzem wieder gelernt. Dass ich nicht immer hätte stark sein müssen, obwohl es mir auch viel geholfen hat. Dass sie mich mal in den Arm genommen hätten, das haben sie nie getan.

Eilwen, 40 Jahre:
Verständnis.

Jennifer, 29 Jahre:
Verständnis und Liebe. Dass ich mehr auf mein Bauchgefühl hätte hören dürfen. Ich musste immer mit dem Kopf entscheiden.

Sibylle, 47 Jahre:
Dass sie versucht hätten, mich und meine Traumwelt zu verstehen.

Salvatorica, 32 Jahre:
Dass sie mich ernst genommen hätten und meiner Meinung auch Wichtigkeit gegeben hätten.

Jessica, 24 Jahre:
Dass sie mich in meiner Spiritualität gefördert und mich ernst genommen hätten.

Karen, 27 Jahre:
Mehr Unterstützung, mich mit anderen „Spürenden“ vertraut machen. Ich gebe ihnen aber keine Schuld, sie taten ihr bestes.

Erfahrungen und Wünsche zu Kindergarten und Schule

Bei diesem Thema spüre ich die grössten Ängste von Eltern. Kann sich mein Kind in Kindergarten und Schule integrieren, oder geht es unter? Fällt es vielleicht sogar unangenehm auf? Gehen die Lehrpersonen auf mein Kind ein?

Manuela, 32 Jahre:
Lief nicht so gut. Habe einfach nicht ins System gepasst. Hatte öfters Schwierigkeiten mit Lehrern.
Wünschte mir, dass man mehr auf mich eingegangen wäre. Hätte lieber noch mehr kreative Fächer gehabt.

Karin, 31 Jahre
Es wäre schön gewesen, wenn man mehr auf die einzelnen Schüler eingegangen wäre und individueller geschult hätte.

Sybille, 39 Jahre
Dass man die Begabungen fördert, statt Mittelmass zu züchten.

Markus, 46 Jahre
Habe die Schule gehasst, bis zur Lehre. Konnte schon vor der Schule lesen, dies wurde aber nicht beachtet und so musste ich trotzdem Wörter lernen, obschon ich fliessend Bücher las. Irgendwie kamen die Lehrer nicht mit mir zurecht, da ich stets andere Interessen hatte. Erzählte ich mal was Ungewöhnliches, das ich erlebt hatte, so wurde gleich gesagt, ich übertreibe.

Training wo nötig (Rechnen, Lesen, Schreiben), ansonsten die Individualität und das Erleben der Kinder fördern oder zumindest akzeptieren.

Sibylle, 47 Jahre:
Die Schule war nicht so mein Ding, ich hatte keine grosse Lust zu lernen, wollte lieber das tun, was mir gerade in den Sinn kam und für meine Welt gut war.
Es wäre schön gewesen, wenn man mehr auf meine Träume und meine eigene Welt eingegangen wäre, dann wäre es wahrscheinlich einfacher gewesen.

Nanine, 24 Jahre:
Schule im Freien und bewegter Unterricht sind Ziele, die weiter verfolgt werden sollten! Ich wünsche den Kindern, dass sie die Natur kennen lernen und somit auch schätzen und hüten lernen. Mein Wunsch an Ausbildende ist, dies zu fördern, zu unterstützen und vorzuleben.

Kharinna, 25 Jahre:
Erwachsene und Kinder haben mich oft enttäuscht, indem sie meine Erwartung, mir zu zuhören und es auch zu verstehen, nicht erfüllten.

Dies sind einige Auszüge aus den Fragebögen. Ich danke hier allen, die sich die Zeit genommen haben diese auszufüllen und hoffe, dass sie auch dem Leser dieses Buches einen Eindruck vermitteln können.

Was mich bei diesen Aussagen besonders berührt, ist, wie sich Erwachsene noch sehr genau an dieses Unverstandenfühlen erinnern können. Wie gross der Wunsch war und ist, dass man einen so akzeptiert und ernst nimmt, wie man ist, dass man seine eigene Wahrheit leben darf, dass man nicht immer gesagt bekommt, was falsch und richtig ist, sondern dass einem beigebracht wird, selber zu unterscheiden, was der eigenen Wahrheit entspricht. Fühlen Sie sich in Ihr Kind ein, versuchen Sie, seine Sichtweise zu verstehen und bringen Sie ihm Ihre Anschauung näher, ohne sie ihm aufzuzwingen.

Wenn ich mich an meine Kindheit erinnere, habe ich meinen Eltern nichts vorzuwerfen, es war einfach der Lauf der Zeit und das System, das mich aus meiner eigenen Welt gerissen hat. Ob dies nun falsch war, wage ich gar nicht zu behaupten. Schliesslich versuche ich auch meinen Kindern zu helfen, den Weg in die Realität zu finden. Nur glaube ich nicht, dass man deswegen die andere Welt, die Fantasie und Kreativität dieser Realität opfern muss. Die Schwierigkeit besteht darin, beides unter einen Hut zu bringen.

Vielleicht funktioniert es ja bei einigen Menschen, dieser Mechanismus des Verdrängens, des Verleugnens der anderen Realität. Die Menschen, die mit mir Kontakt aufnehmen, zeigen mir allerdings ein anderes Bild. Sie fühlen sich oft verloren in dieser Realität, fühlen sich nicht als vollwertiges Mitglied dieser Gesellschaft, oder es fehlt ihnen schlicht weg etwas im Leben. Die Materie, die Gesellschaft fordert von uns und unseren Kindern natürlich eine Form der Anpassung, aber sie darf nicht von uns verlangen, unsere Wahrnehmung und unsere Wahrheit zu verleugnen. Wir und unsere Kinder sind gesellschaftsfähig, auch wenn wir unsere Wahrheit leben. Vielleicht sind wir sogar noch bessere Mitglieder der Gesellschaft. Ich möchte so angenommen und wahrgenommen werden, wie ich wirklich bin. Ich kann doch nicht ein Leben lang eine Rolle spielen und mein wahres Sein verleugnen. Es geht ja nicht darum, nun der Gesellschaft meine Wahrheit aufzudrücken, ich möchte nur akzeptiert werden, als das was ich bin. Und genauso ergeht es den Kindern, sie wollen als Ganzes akzeptiert werden, wollen ernst genommen werden. Viele Menschen haben verschiedene Vorstellungen vom Leben, und die grosse Herausforderung unserer Zeit ist ja, die Menschen so zu respektieren, wie sie sind. Die Zeiten des Missionierens sollten meiner Meinung nach vorbei sein, vielmehr soll man die Menschen auffordern, ihre eigene Wahrheit zu entdecken und zu leben. Jeder Mensch sollte, die Möglichkeit bekommen, alle Facetten seines Seins zu leben. Lassen wir unseren Kindern den Spielraum, sich zu entfalten, ich bin überzeugt, dies ist innerhalb unserer Gesellschaft und des Schulsystems absolut möglich. Es braucht einfach eine grosse Portion Einfühlungsvermögen von Seite der Erwachsenen. Lernen wir doch, unsere Grenzen des Denkens zu sprengen und uns für andere Möglichkeiten zu öffnen. Vielleicht ist ja die Welt, wie unsere Kinder sie sehen, die wahre Welt.

Über die Autorin

Michaela Ghisletta wurde 1971 in Zürich, in der Schweiz geboren. Über zehn Jahre arbeitete sie mit Kindern und ihren Pferden zusammen, um den gegenseitigen Respekt und die Liebe zu den Tieren zu fördern. Die Kinder lernten dabei, dass ein gesundes Selbstvertrauen darauf aufbaut, wie man mit anderen umgeht, seien es Tiere oder Menschen. Heute ist sie verheiratet und hat zwei Kinder im schulpflichtigen Alter (2000 und 2002 geboren). Beide Elternteile teilen sich die Betreuung der Kinder und arbeiten Teilzeit. Michaela Ghisletta arbeitet als mediale Lebensberaterin und bietet Seminare und Ausbildungen für Erwachsene an. Leider nur noch am Rande findet sie Zeit für ihr Steckenpferd, die Tierkommunikation. Grosse Freude macht ihr die Arbeit mit Kindern. Sie bietet Kurse für Kinder an, in welchen diese ihre Fähigkeiten erleben und vertiefen können. Auch Eltern berät sie in schwierigen Situationen mit ihrem Kind und unterstützt sowohl Eltern wie Kinder mit Impulsen, Ritualen, Bachblüten und vielem mehr.

Weitere Bücher:

Einhorngeschichte:
Mondlicht, die Magie des Herzens
ISBN 978-3-8391-7200-1